DXを成功に導く データマネジメント

Data Management

データ資産価値向上と
問題解決のための実務プロセス **75**

株式会社 データ総研
小川 康二・伊藤 洋一【著】
Koji Ogawa　*Yoichi Ito*

SHOEISHA

■ 本書内容に関するお問い合わせについて

　このたびは翔泳社の書籍をお買い上げいただき、誠にありがとうございます。弊社では、読者の皆さまからのお問い合わせに適切に対応させていただくため、以下のガイドラインへのご協力をお願い致しております。下記項目をお読みいただき、手順に従ってお問い合わせください。

◆ ご質問される前に

　弊社Webサイトの「正誤表」をご参照ください。これまでに判明した正誤や追加情報を掲載しています。

　正誤表　https://www.shoeisha.co.jp/book/errata/

◆ ご質問方法

　弊社Webサイトの「刊行物Q&A」をご利用ください。

　刊行物Q&A　https://www.shoeisha.co.jp/book/qa/

　インターネットをご利用でない場合は、FAXまたは郵便にて、下記"翔泳社 愛読者サービスセンター"までお問い合わせください。

　電話でのご質問は、お受けしておりません。

◆ 回答について

　回答は、ご質問いただいた手段によってご返事申し上げます。ご質問の内容によっては、回答に数日ないしはそれ以上の期間を要する場合があります。

◆ ご質問に際してのご注意

　本書の対象を越えるもの、記述箇所を特定されないもの、また読者固有の環境に起因するご質問等にはお答えできませんので、予めご了承ください。

◆ 郵便物送付先およびFAX番号

　送付先住所　〒160-0006　東京都新宿区舟町5
　FAX番号　　03-5362-3818
　宛先　　　　（株）翔泳社 愛読者サービスセンター

はじめに

　2018年以降、多くの企業では、DX推進を経営戦略に掲げ、データを企業の重要な資産として認め、データに基づいた経営、すなわちデータ駆動型経営へ本格的にシフトさせようとしてきました。

　また、長期化するコロナ禍が後押しする形で、データとデジタル技術を使った企業変革であるDXは、業界業種を問わず喫緊の課題となっています。

　ところが現実は、個々の業務組織が個別最適にDXと称するツールの導入を繰り返した結果、本来企業の共有財として管理されなければいけないはずのデータが無秩序に管理され、業務を横断したデータ活用の恩恵を受けられない状況に陥っています。

　DXの必要性は理解しつつあるものの、「結局、DXを推進するためには、具体的に何をすればいいのかわからない」という企業がいまだに多いのが実情ではないでしょうか。

　やるべきことは、ただ一つ、業務横断のデータマネジメント組織を立ち上げて、経営戦略で掲げた目標に早くたどり着くように施策を考え、実行することです。

　DXについて改めて考えてみると、DXの根幹にあるのは「データ活用」です。データを使って新たな価値を生み出していくものなので、「データ資産価値向上」と言い換えることもできます。

　一方、「データ活用」といっても、業務組織ごとにその目的や抱えている課題に差があるため、DXはそう簡単には進みません。さらに、多くの企業ではもともと次のような課題を抱えています。

- オンプレミスやクラウドを問わず、社内にデータベースが乱立し、容易にデータを利活用できない状態にある
- 部門、個人によってデータの持ち方がさまざまで、一貫性がない
- データの欠損が多かったり、同じデータのはずなのに内容が微妙に違ったりしていて、適切な分析ができない状態にある

- データの管理者が決まっておらず、データに責任が持てない
- ビジネスサイドとITサイドの間に埋められない大きな溝があり、協力関係がつくれない

　こうした課題を解消し、DXを推進するために必要なのが「データマネジメント」です。データマネジメント自体はITサイドにとっては、新しい言葉ではありませんが、データを適切に管理・活用するために、ビジネスサイドを巻き込んだ新しいデータマネジメントが改めて注目されています。

　本書は、データ総研が蓄えてきた36年のノウハウと、データマネジメントが日本で普及してきたこの10年間に筆者らが支援してきた現場の声をもとに、実務に役立つ75の成功法則をまとめました。「DXを成功に導くデータマネジメント」とは具体的に何をすれば良いのか、誰もが気軽に読めるように、旅のガイドブックのような構成で仕上げております。読者の皆さまには、最短で目的地の「データマネジメント成功」にたどり着いていただきます。

2021年11月

小川　康二

伊藤　洋一

目次

第 2 章 成功するデータマネジメント組織づくりの8原則 ··· 39

第2部　データマネジメントの実践

第6章　データ活用の課題とデータ活用基盤 …… 117

第 9 章　データカタログ管理 207

第3部　データマネジメントの継続的実践

第10章 データマネジメントを支えるスキル ··· 229

■ 付属データのダウンロードについて

　第3章で掲載している「表3.2.1 標準データマネジメント施策一覧」は、本書の付属データとして翔泳社のWebページからダウンロードできます。

　付属データをダウンロードするには、以下のURLにアクセスして、リンクをクリックしてください。

◆ 付属データのダウンロード

https://www.shoeisha.co.jp/book/download/9784798171371

　また、最新版はデータ総研のホームページからダウンロードできます。

◆ データ総研「ダウンロード」ページ

https://jp.drinet.co.jp/download

◆注意

※付属データに関する権利は著者および株式会社翔泳社、またはそれぞれの権利者が所有しています。

※付属データの提供は予告なく終了することがあります。あらかじめご了承ください。

◆免責事項

※付属データの内容は、本書執筆時点の内容に基づいています。

※付属データの内容は、著者や出版社などのいずれも、その内容に対してなんらかの保証をするものではなく、内容やサンプルに基づくいかなる運用結果に関してもいっさいの責任を負いません。

第1章

データ駆動型
経営へのシフト

「DX」の大号令の下、多くの企業では、デジタル化や
データ活用の推進が急務となりました。しかし、自分
事として真剣に取り組み、その成果を得た企業は残念
ながらごくわずかでした。この結果は、そもそも「DX」
を正しく理解していなかったこと、また、理解してい
たとしても、どのような組織を目指すべきかがよくわ
からなかったことに起因します。

「DX」の本質は、組織を「データ駆動型経営」にシフ
トさせることに他なりません。本章では「DX」と「デ
ータ駆動型経営」について正しい理解を持っていただ
けるように解説します。

DX推進の経緯を知る

■ 国内におけるDX推進：はじまり

　国内においては、2018年9月に経済産業省より発行された「DXレポート ～ITシステム「2025年の崖」の克服とDXの本格的な展開～」で、「DX」と「2025年の崖」というキーワードが一気に拡がりました（図1.1.1）。大手マスメディアの宣伝効果もあり、とりわけ企業経営者の目に留まることで、各企業でDXの推進が加速しました。

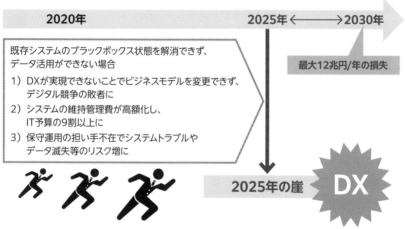

出典）「DXレポート ～ITシステム「2025年の崖」の克服とDXの本格的な展開～」（経済産業省）（https://www.meti.go.jp/shingikai/mono_info_service/digital_transformation/pdf/20180907_03.pdf）をもとに著者作成

● 図1.1.1　DXレポート（概要）

　しかし、この当時に注目されたのは「DX」よりも「2025年の崖」でした。「2025年の崖」とは、既存システムのブラックボックス状態を解消できず、データ活用ができない場合に、

- DXが実現できないことでビジネスモデルを変更できず、デジタル競争の敗者となってしまう
- システムの維持管理費が高額化し、IT予算の9割以上になってしまう
- 保守運用の担い手不在でシステムトラブルやデータ滅失等のリスクが増大してしまう

という状況に陥り、2025年から2030年の間に、日本経済に対して最大12兆円/年の損失が発生してしまう、というものでした。

　また政府としては、日本の若いIT従事者がレガシーシステムのお守りに回され、データ解析やAIなど、先進的な技術を養えないことで、国際競争力が低下してしまうという危機感もありました。

　これを受け、危機感を抱いた一部の企業ではレガシーシステムの刷新が推進されることとなります。パッケージソフトやSaaSへの乗り換えを検討する中で、ブラックボックス化（システムに対する要求仕様の暗黙知化）の解消と過度な要求に基づくシステム仕様の簡素化を実現しようとしたのです。

　一方で多くの企業では、以下をもって「DX」の推進としてしまいました。

- 紙のドキュメントを電子化する
- 手作業でやっていた単純作業を自動化する

　これらの作業にも、もちろん一定の成果はありましたが、真の「DX」とは程遠く、単なる「デジタル化」、「自動化」の領域に留まってしまいました。「DX」を誤って解釈してしまったことに原因があります。

■ 国内におけるDX推進：中間地点

　2020年12月に経済産業省より改めて「DXレポート2（中間取りまとめ）」が発行されました。

- DXレポート2（中間取りまとめ）（経済産業省）
  https://www.meti.go.jp/press/2020/12/20201228004/20201228004-2.pdf

このレポートでは、DXレポートの発行から2020年10月までの間に、「全体の9割以上の企業がDXにまったく取り組めていない（DX未着手企業）レベルか、散発的な実施にとどまっている（DX途上企業）状況であることが明らかになった。」「我が国企業全体におけるDXへの取組は全く不十分なレベルにあると認識せざるを得ない。」と報告されました。

　同時に「DXレポートによるメッセージは正しく伝わっておらず、『DX＝レガシーシステム刷新』、あるいは、現時点で競争優位性が確保できていればこれ以上のDXは不要である、等の本質ではない解釈が是となっていたとも言える」と吐露しています（図1.1.2）。

● 図1.1.2　多くの人が陥った、DXレポートの間違った理解

　これらの結果を踏まえ、「DXの本質とは、単にレガシーなシステムを刷新する、高度化するといったことにとどまるのではなく、**事業環境の変化に迅速に適応する能力を身につけること**、そして**その中で企業文化（固定観念）を変革（レガシー企業文化からの脱却）すること**にあると考えられる。当然ながらこうした変革は誰かに任せて達成できるものではなく、**経営トップが自ら変革を主導すること**が必要である。」と訴えています（太字と下線は著者によるもの）。

　DXレポートでは「2025年の崖」ばかりが注目され、本丸の「DX」が正しく理解されなかった結果といえます。

　これらを踏まえ、「DXレポート2」では、DXを通して企業が目指すべき方向性が示されています（図1.1.3）。

> 企業が持続可能な競争上の優位性を確立するために必要なこと
>
> ①常に変化する顧客・社会の課題をとらえ
> ②「素早く」変革「し続ける」能力を身に付けること
> ③ITシステムのみならず企業文化(固定観念)を変革すること

出典) DXレポート2（中間取りまとめ）（経済産業省）
(https://www.meti.go.jp/press/2020/12/20201228004/20201228004-2.pdf）をもとに著
者作成

● 図1.1.3　DXを通して企業が目指すべき方向性

　そして、企業が持続可能な競争上の優位性を実現するためには、いまやデジタル技術の活用なしには考えられず、**デジタル技術を活用するためには、情報をデジタル（=データ）化することが不可欠**なのです。

COLUMN

なぜ「DX」と表現するの？

　DXは、「Digital Transformation」（デジタル変革）の略です。「Trans」は「交差する」という意味で「Cross」に近い単語であること、そして「Cross」が「X」でイメージできることから、一般的な略語にみられる、単語の頭文字を取った「DT」ではなく、「DX」と表現されるようになったといわれています。

02
「タイ」と「タライ」の違いを意識する

■ 2つの「デジタル化」

「デジタル化」を英語で表現すると、「Digitization（デジ**タイ**ゼーション）」と「Digitalization（デジ**タライ**ゼーション）」の2つの単語があります。

前者は「単なるデジタル化」を意味し、ペーパレス化や自動化などが相当します。後者は「デジタル技術を活用することでビジネスモデルを変革すること」を意味し、マーケティングオートメーション（MA）やセールスフォースオートメーション（SFA）が相当します。

「Digitization」の実現は「Digital Optimization（最適化)」であり、既存のビジネスの効率化でしかありません。「Digitization」と共に「Digitalization」を実現することで「Digital Transformation（変革)」が実現できるのです（図1.2.1）。

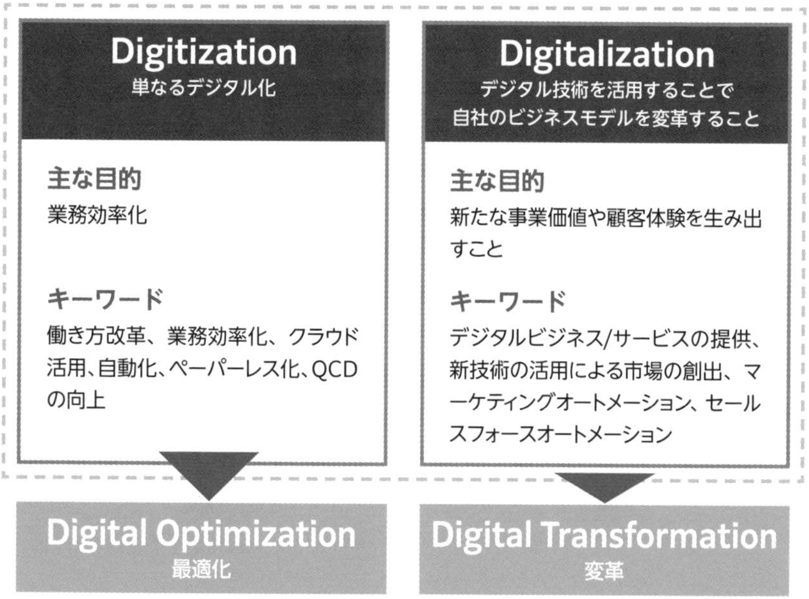

Digitization 単なるデジタル化	Digitalization デジタル技術を活用することで 自社のビジネスモデルを変革すること
主な目的 業務効率化	**主な目的** 新たな事業価値や顧客体験を生み出すこと
キーワード 働き方改革、業務効率化、クラウド活用、自動化、ペーパーレス化、QCDの向上	**キーワード** デジタルビジネス/サービスの提供、新技術の活用による市場の創出、マーケティングオートメーション、セールスフォースオートメーション
Digital Optimization 最適化	**Digital Transformation** 変革

● 図1.2.1　Digital Transformation と Digital Optimization

■ 両者の視点の違い

「Digitization」と「Digitalization」では、主語が異なります。前者は「自社業務」が、後者は「顧客」が主語になります（図1.2.2）。

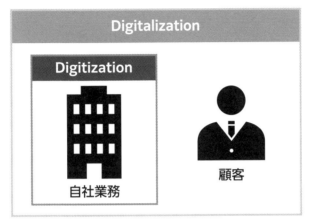

● 図1.2.2　DigitizationとDigitalizationの視点の違い

つまり、現状の延長線上で自社業務のデジタル化を実現しても、「Digital Optimization」の領域を出ません。

顧客の立場になって、顧客のニーズ、シーズを理解した上で、自社のビジネスモデルを変革することこそが、真の「Digital Transformation」なのです。

例えば、単に品質の良し悪しにこだわるだけでは、主語は「自社業務」のままです。DXに求められるのは、顧客が求める品質に合致しているか、という「顧客」を主語にしたビジネスモデルです。

03 顧客中心指向を徹底する

■ モノの販売からコトの提供へ

DXを語る上での最重要キーワードに「**顧客中心指向**」があります。

DX以前のビジネスは「モノの販売」が主体です。これは主導権を企業側が持っており、言い方は悪いですが、良いものを適切な価格で販売すれば、顧客は喜んで買ってくれる、というビジネスモデルに基づきます。

しかしDX以降のビジネスは「コトの提供」が主体となります。**顧客体験価値（CX：Customer eXperience）を重視し、モノやサービスを継続的に利用していただくことで対価を得る**形に変わっていきます（図1.3.1）。

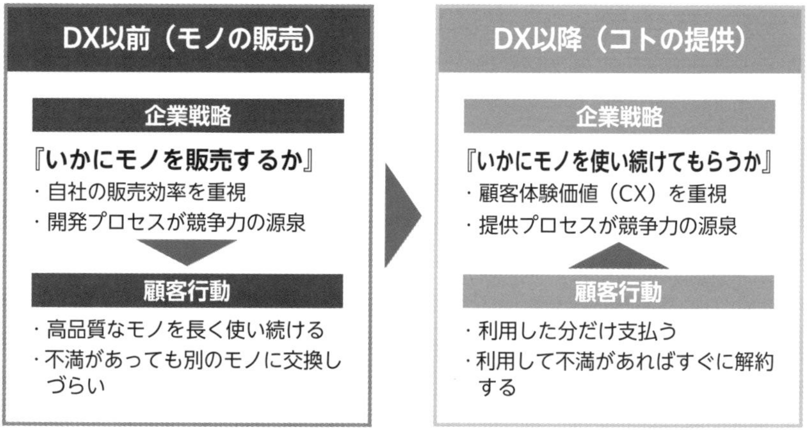

DX以前（モノの販売）	DX以降（コトの提供）
企業戦略	**企業戦略**
『**いかにモノを販売するか**』 ・自社の販売効率を重視 ・開発プロセスが競争力の源泉	『**いかにモノを使い続けてもらうか**』 ・顧客体験価値（CX）を重視 ・提供プロセスが競争力の源泉
顧客行動	**顧客行動**
・高品質なモノを長く使い続ける ・不満があっても別のモノに交換しづらい	・利用した分だけ支払う ・利用して不満があればすぐに解約する

● 図1.3.1　DX以前とDX以降のビジネスモデルの変化

この背景には、「モノの成熟」があります。これまでの企業努力により、安くて良いものが巷にはあふれています。非常に喜ばしいことですが、その反面、顧客は選択肢を持つことになります。

モノの価値（高品質、適切な価格、ブランド（モノが発するメッセージ））が同等のものが複数あれば、顧客は選択を余儀なくされます。

その選択基準は、ビフォアーサービス（モノの利用に至るまでのサービス）

やアフターサービス（モノを利用することで得られるサービス）となります。

DX時代の差別化のポイントは顧客に対する「サービス」であり、サービスを通じて顧客体験価値を高めていく「コトの提供」が必須となるのです。

■ 顧客中心指向のビジネスモデルへの変革

こう述べると、ほとんどの企業では「うちは大丈夫。ちゃんとマーケティングして、顧客中心に進めているよ。」と答えるでしょう。

本当にそうでしょうか？

多くの企業では、自社のリソースを前提に、企業が想像した「あるべき顧客像」を相手にビジネスをしているだけです。1.1（RULE01）で述べたように、顧客の課題をとらえ、その解決に向けて、企業自身が素早く変革できているわけではありません。あくまで主語が「自社業務」のままなのです（図1.3.2）。

● 図1.3.2　自社業務中心指向と顧客中心指向の視点の違い

自社業務と顧客、どちらを中心に考えるかによって、解決策は大きく異なります。顧客に合わせてビジネスを変革するなど、荒唐無稽だと思っていませんか？　しかし、顧客中心指向は既に実現されつつあります。

例えば、MaaS（Mobility as a Service）が好例です（図1.3.3）。

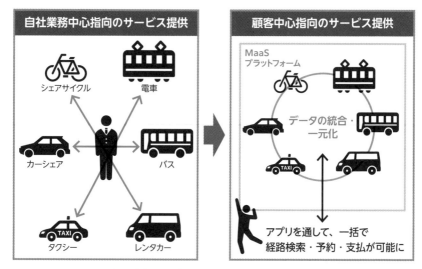

● 図1.3.3　顧客中心指向のビジネスモデルへの変革

　レンタカー業であれば、顧客の課題は、レンタカーの予約手続きであったり、実際の店舗での乗り出しまでの時間であったり、返却手続きであったりと推測します。

　同様にタクシー業であれば、配車手続きや実際に配車されるまでの時間、決済のスマート化を課題とするかもしれません。

　これらはもちろん十分な業務改善ではあるのですが、視点はあくまで自社業務です。

　顧客の課題は、交通手段によっていちいち手続きが煩わしい、ということであり、本当の要望は、気軽に移動したい、ただそれだけです。

　顧客中心にビジネスを考えた方が、大きな課題解決につながります。もちろん、自社のリソース（ヒト・モノ・カネ）だけでは解決できず、他社との協働が必要になるかもしれませんが、それを含めて「顧客中心指向」なのです。

VeriSM

DXとは、マーケティングから営業、アフターサービスといった一連のバリューチェーンや、製品やサービスの設計／開発、果ては新たなビジネスモデルの確立に至るまで、組織のあらゆる分野に対して、新たなデジタル技術を適用することで起こる変化です。

海外のネット企業の台頭は、これらデジタル技術を活用することで、圧倒的なビジネススピードで、サービスを実現していることに起因します。

これらネット企業は、新しいデジタル技術を活用し、新しいビジネスモデルを創造することで、既存の市場を破壊し、既存の製品・サービスを過去のモノへと追いやっています。これを**デジタルディスラプション（創造的破壊）**と呼びます。

ネット企業から持ち込まれたデジタルディスラプションや、市場の不透明さ、顧客嗜好の多様化など、不確実性が高い時代を生き抜くためには、これらの変化に即応できる企業文化とケイパビリティが求められます。

VeriSMとは、不確実性が高い時代を生き抜くためのマネジメント・フレームワークであり、次の6つの頭文字を取って命名されました。

- Value-driven（価値駆動型）
- Evolving（発展する）
- Responsive（敏感に反応する）
- Integrated（統合された）
- Service（サービス）
- Management（マネジメント）

VeriSMでは、DXが進展することで、あらゆる企業や組織がデジタル技術を活用したサービスを提供する**サービスプロバイダーに変化**すると考えます。企業や組織のサービスプロバイダー化をマネジメントするフレームワークがVeriSMなのです。

なおVeriSMでは、ビジネスの相手となる顧客・ユーザー・消費者を総称して「コンシューマー」という用語で統一しています。これは、ビジネスの最終的な相手は一人一人の人間になる、という点をフォーカスしているためですが、本書では一般的なビジネス用語である「顧客」で統一しています。

データ駆動型経営への シフトを目指す

■ デジタルデバイスの普及

スマートフォンは、2007年のiPhone、2008年のAndroid端末の発売以降、爆発的に普及しました。今では全世界の半数以上の人が利用しているともいわれています。

スマートフォンの意義は、デジタル技術を通じて、常に「On」の状態、つまり、ネットにつながった状態であり、**いつでも情報交換ができる**ことにあります。また、スマートフォンの機能とアプリを通じて、特別な設備を持たなくても、**個人が気軽に情報発信ができる**ようになったことも重要なポイントです。

また、人間の五感に代替される機能を有するセンサー機器も大きな進化を遂げました。今では人間以上の精度を持つ機器もあります。

これらデジタルデバイスの普及により、**世の中の情報はリアルタイムでデータに変換され保存／伝達することが可能**となりました（図1.4.1）。

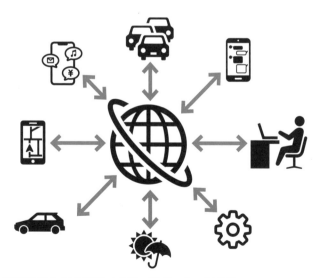

● 図1.4.1　デジタルデバイスの普及によるデータのリアルタイム連携

■ 顧客や現場の声が聴ける

これらの情報は、顧客や現場の生の声であり、現実世界の写像なのです。これには大きな意味があります。われわれはビジネスを推進する上で、顧客が何を求めているのか？ どんな不満を抱いているのか？ を常に知りたいと思っていました（図1.4.2）。

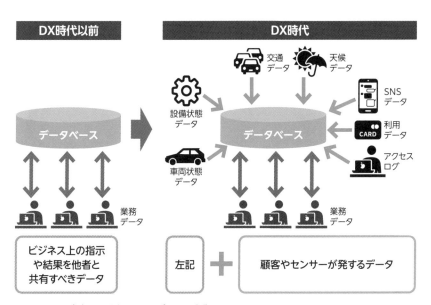

● 図1.4.2 ビジネスで活用できるデータの変化

これまでは自社業務内に閉じた範囲でしかデータを取得／活用することができませんでしたが、デジタルデバイスの普及により、われわれは**現実世界の情報をリアルタイムで取得し、ビジネスに活用**することが可能となったのです。

■ データ駆動型経営

これにより、ビジネスの起点を「顧客中心指向」へと変化させることができるようになりました。

これまでは、自社業務中心の経験・勘で、顧客が求めると思われる商品や

サービスを開発し、販売するビジネスでした。

これからは、**顧客自身が発するデータを分析することで、インサイト（顧客の要望や不満、顧客自身がまだ気づいていない隠れた気持ち）を発見**し、顧客自身が真に欲する商品やサービスを開発、**提供**し、**利用**してもらうビジネスへと変化するのです（図1.4.3）。

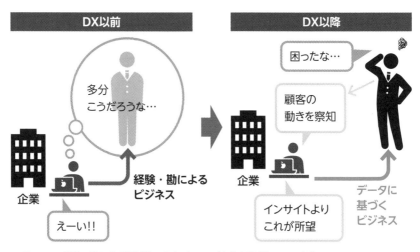

● 図1.4.3　経験・勘によるビジネスからデータに基づくビジネスへの変革

このようにデータに基づいて現実世界を把握し、インサイトを発見し、意思決定を行うビジネスモデルのことを**「データ駆動型経営」**といいます。

■ データ駆動型経営の実践に不可欠なデータマネジメント

DXの本質は**「データ駆動型経営」の実践**です。そして、その実践のためには、以下が不可欠です。

- デジタル技術の導入
- デジタル技術を維持／活用する人材の育成
- デジタル技術の活用を推進する組織文化の醸成

そして、デジタル技術とは、データを蓄積、加工、活用する技術のことを

指します。例えばスマートフォンは、写真や音楽、メッセージやアプリケーションが利用できますが、それらはすべてデータの蓄積、加工、活用に他なりません。

ビジネスで扱うデータには以下の側面があります。

- 写像（事実、もしくは、実際に起こったこと）
  ヒト：名前、身長、体重、居住地、趣味、見た目（写真）、職業
  モノ：名称、分類、大きさ、重さ、機能、価格、製造元
  コト：販売元、販売先、納入先、実行日、実行場所、提供物
- 集計（現在までの傾向）
  この特徴のヒトが、他に比べてより多くサービスを利用している
  このサービスが、とあるマーケットで多く利用されている
- 推測（将来の予測）
  これまでの傾向から、多分こうなるだろう

ビジネスでは、**情報システムという仮想空間内で、データを使って、顧客像や実際の取引、その傾向と将来の予測をシミュレーションしている**のです。

シミュレーションの精度が上がれば「推測」がより確からしいものとなります。そして、シミュレーション精度を上げるためには、大量かつ高品質（現実世界の写像度合いの高い）データが不可欠となります。

そして、**データを適切に管理する仕組みが「データマネジメント」**です。

データマネジメントの対象と活動を理解する

■ 企業活動とデータ

　企業活動では、日々多くのデータが発生し、使用されています。取引先から受注があった際、取引先の名前や連絡先を聞くことになります。これらはそのまま取引先のデータとして、後続業務に使用されます。また、商品が売れれば売上データが発生します。集計された売上データをもとに、企業は経営判断を行うことになります。

　企業活動においては、**正しいデータを、使いたいタイミングで使えることが必要不可欠**です。そうでなければ、業務を遂行する上でも、経営判断をする際にも不都合が生まれます。

　これらのデータを登録、利用していくためには、データマネジメントを行うことが重要になってきます。

　ここでは「データマネジメントとは何か？」、「何を対象とするのか？」、「どんな活動を行うのか？」を簡単に解説します。

■ データマネジメントとは

　データマネジメントとは、文字通り、データを適切に管理することです。

　ただし、一口に「管理」といってもその内容は幅広いです。**主要な業務としては、データを登録・更新・活用すること**が挙げられます。加えて、それらの業務を遂行するために必要なさまざまな活動も含まれます。例えば、次のようなものもデータマネジメントです。

- データを蓄積しておく仕組みの構築や維持
- データ構造の可視化
- データの意味管理
- データに関する責任体制の確立

■ データマネジメントの対象

データマネジメントの対象となるのは、データです。データには「ビジネスデータ」と「メタデータ」の2つがあり、「ビジネスデータ」はさらに「構造化データ」と「非構造化データ」に分割できます（表1.5.1）。

■ 表1.5.1　データマネジメントの対象

データ			内容
ビジネスデータ			一般の業務で使うデータ
	構造化データ		関係データベース（RDB）に格納できるような構造をもっているデータ
		マスタデータ	企業や組織が所有する資源を表すデータ （例：社員データ、顧客データ、商品データなど）
		トランザクションデータ	業務遂行における出来事を表すデータ （例：販売データなど）
		情報系データ	出来事の結果を集計・分析するデータ （例：販売実績データなど）
	非構造化データ		一般の書類に記述されている文章・ブログなどのテキスト・音声・画像・動画・機械やセンサーが作り出すデータなどRDBに格納することが困難なデータ
メタデータ			データの意味や型・桁など、データそのものを管理するデータ

■ データマネジメントの4つの活動

データマネジメントの活動を簡単にまとめると、次のようになります。

Point!　データマネジメントの4つの活動

- 戦略策定・計画（データアーキテクチャ）
- データの設計
- データを蓄積する仕組みの構築・維持
- データの利用（データ品質の向上、セキュリティ管理も含む）

これらの活動は、構造化データ、非構造化データ、メタデータなどデータの種類が変わっても同じになります。ただし、活動自体は同じでも、やり方はデータの種類に応じて異なります。

また、これらの活動とは別に、データマネジメントの活動を正しく進めるための**ガバナンス活動**も必要です。ガバナンス活動とは、データマネジメントに関わる立法・行政・司法の活動を意味します。すなわち、守るべきルールを決め、ルールに従って活動し、必要に応じてルール違反を取り締まります。

■ データマネジメントのバイブル「DMBOK2」

データマネジメントについて語る上で外せないのが、DMBOKです。DMBOKは「Data Management Body of Knowledge」の略で、データマネジメントに関する知識を体系立ててまとめた書籍です。DAMA Internationalが提供しており、第二版まで発行されています。『データマネジメント知識体系ガイド　第二版』として、日本語版も出ています。本書では、以後、DMBOK第二版のことを『DMBOK2』と表記します。DMBOK2は、データマネジメント実務者にとってバイブルのような存在といえます。

DMBOK2では、データマネジメントを次のように定義しています。

Point!　データマネジメントの定義（DMBOK2より）

データとインフォメーションという資産の価値を提供し、管理し、守り、高めるために、それらのライフサイクルを通して計画、方針、スケジュール、手順などを開発、実施、監督することである。

出典）『データマネジメント知識体系ガイド 第二版』DAMA International編著、DAMA日本支部・Metafindコンサルティング株式会社訳、日経BP社、2018

この定義からもわかる通り、企業にとってデータ（とインフォメーション）は「資産」です。社内のどこに、どんなデータがあるのかを把握しておくことが重要になります。

■ データマネジメント知識領域

DMBOK2では、DAMAホイール図を用いて、**データマネジメント知識領域**を定義しています。データマネジメント知識領域は、広範なデータマネジ

メントの概念を11個の領域に分解し、理解しやすくしてくれます（図1.5.1）。

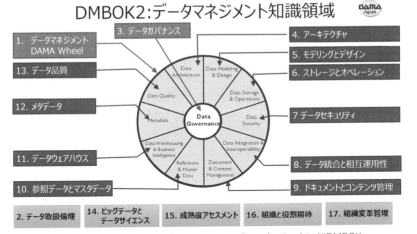

出典）DAMA日本支部：https://www.dama-japan.org/Introduction.html#DMBOK

● 図1.5.1　DAMAホイール図

表1.5.2にDMBOK2の各知識領域の内容を簡単にまとめています。

■ 表1.5.2　データマネジメント知識領域

知識領域	内容
データガバナンス	データマネジメントを統制するための活動
データアーキテクチャ	戦略策定・計画
データモデリングとデザイン	データを蓄積する仕組みの構築
データストレージとオペレーション	データを蓄積する仕組みの維持
データセキュリティ	データの信頼性担保と権限管理
データ統合と相互運用性	各種データを統合するための基盤
ドキュメントとコンテンツ管理	非構造化データ
参照データとマスタデータ	マスタデータ
データウェアハウス	情報系データ
メタデータ	メタデータ
データ品質	データ品質の測定と改善

「DMBOK」がもたらした効果

　DMBOKはデータマネジメントを実践する者にとってのバイブルです。米国を中心とした多くのデータマネジメントに関わる有識者が集まり、長い年月をかけて、共通の知識として刊行されました。

　DMBOKが刊行されるまでは、企業・個人が自身の知識や経験でデータマネジメントを語り、データマネジメントの守備範囲や知識、名称はバラバラでした。本末転倒ですが、データマネジメントを実践するにあたって、最初に行うべき「範囲の設定」と「用語の定義」が全くできていなかったのです。DMBOKをデファクトスタンダード（事実上の標準）とすることで、国内のみならず、海外の識者とも同一の見解で会話をすることが可能となりました。

　ただし、DMBOKは知識領域ごとに執筆者が異なるため、各知識領域がカバーする範囲にはダブりがあるので注意が必要です。例えば、マスタデータに関するデータガバナンスは、「データガバナンス」と「参照データとマスタデータ」の知識領域のどちらにも関係します。

第2章

成功するデータマネジメント組織づくりの8原則

第1章では、データ駆動型経営とは何かについて解説しました。データ駆動型経営の実現には、データの適切な管理が不可欠であることを見てきました。

第2章では、データを管理する組織づくりとして、データマネジメント組織づくりの8原則について解説します。

最初に「データとは何か」、「データマネジメントの活動範囲はどこまでか」といった考え方・全体像を押さえてから、一つひとつの原則を確認していきます。

06 データの性質を理解する

■ データとは何か？

1.4（RULE04）で解説したとおり、ビジネスで扱うデータは「写像」「集計」「推測」の3種類です。

厳密には、現実世界の実体を写像したものがデータで、データを加工したものは情報として区別します。

例えば、コンビニエンスストアの買い物シーンを想像してみると、「商品：おにぎり」、「レジ：1号機」、「店員：伊藤」、「決済金額：100円」が浮かび上がってきます。この浮かび上がってきた一つひとつの具体的な対象（おにぎり、1号機、伊藤、100円）がデータです。データを使って、売上集計や売れ筋商品を予測したものが情報です。

■ データと情報の違いとは何か？

データと情報の違いは、情報システム開発方法論の提唱者であるMilt Bryce氏が**「情報＝データ＋プロセス」**と述べています（図2.1.1）。

この式において、プロセスとは、集計・四則演算・統計・予測などの何らかの処理のことを指しています。そして情報とは、データを加工処理して出力されたものと述べられています。

ビジネス活動において、情報を必要とする理由は、サービス企画や業務改善などのビジネス施策を提案するにあたって、**根拠**を示す必要があるからです。根拠を示さないと意思決定者である上司や経営者は、**経営判断**ができないため**合意**しません。もちろん、意思決定者自身がビジネス施策の妥当性を判断する際も情報を必要とします。

このことから、**情報は「ビジネス施策を実現する」**という**目的**のために生成されるといえます。逆をいえば、ビジネス施策がなくなれば目的がなくなり、情報は必要なくなるかもしれません。ただし、情報の性質上、他のビジネス施策でも使っている情報かもしれないので、ここが管理する難しさでも

あります。

　本書では、DMBOK2に合わせて、上記における「情報」もデータとして扱っていきます。情報自体も広義に見れば、現実世界を写像した事実の記録と解釈できるからです。

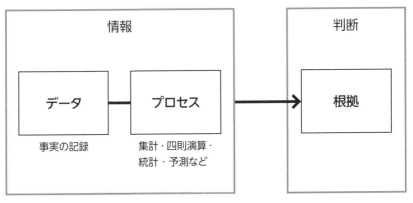

● 図2.1.1　データと情報の違い

■ データは腐る

　データは何らかのビジネス施策を実現するうえで必要だから存在します。

　バリューチェーンのデータに直結するオペレーショナルな業務（購買、生産、販売など）においては、先行業務から後続業務にデータを共有しないと仕事ができなくなるため、永続的に必要です。しかし、経営戦略や事業戦略を考えるためにデータを集計したり、予測データを作成したりするケースにおいては、戦略が変われば必要でなくなる可能性があります。

　不要となったデータは廃棄する必要があります。ストレージを確保して貯めておくにもコストがかかります。しかし、多くの企業ではそのようなデータをいつまでも廃棄せず、そのままにしてしまいます。

　なぜなら、**誰がどのような目的で使っているのかわからなくなってしまっている**からです。もしデータを廃棄してしまったあとに、どこかの業務で使っていることが判明したら大変なことになります。

　このようなリスクを恐れて、多くの企業では廃棄せずに残しています。

　このように、利用目的が不明だが廃棄せずに残しているデータを**ダークデ**

ータと呼びます。企業内のダークデータは増加する一方です。その結果、いざデータ活用で欲しいデータを入手しようと思っても探すのが大変になり、データ活用促進の足枷になってしまいます（図2.1.2）。

　このような問題を未然に防ぐためにもデータマネジメントが必要になるのです。

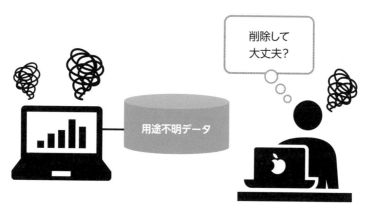

● 図2.1.2　ダークデータによる負の遺産のイメージ

■ データは宝にもなる

　利用目的のないデータを残しておくと腐るといいましたが、きちんとマネジメントを行えば宝にもなります。

　バリューチェーンのデータは、企業にとって要のデータになるため、情報システム部門がデータの品質を保っていますが、データ活用によってつくられた意思決定者向けのデータはマネジメントをしっかり行う必要があります。

　ダークデータの対応として、廃棄するための判断材料をあらかじめ決めておく、というところまでは考えられると思います。そこから一歩進んで、データ活用者がビジネス貢献した成功モデルを標準プロセスにして、データ活用者全員がノウハウ共有できるようにもっていきましょう。この**ナレッジデータこそが企業にとって宝**になるのです（図2.1.3）。

Point!　ナレッジデータを中心にしたビジネス活動が当たり前になる

野中郁次郎氏らが知的創造企業を提唱していますが、データ駆動型経営を促
進させることは、すなわち、知的創造企業の仕組みをつくることであるとい
っても過言ではありません。

ナレッジデータの共有とノウハウ共有の場づくりは、今後目が離せない施策
だと考えます。

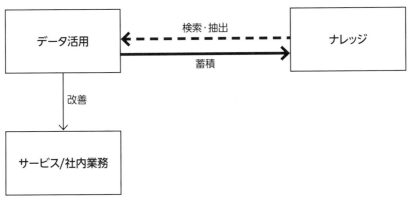

● 図2.1.3　データマネジメントによる資産化のイメージ

ビジネスサイドに求められる変化を理解する

■ なぜ、サービスプロバイダー化するのか？

第1章でも触れましたが、すべての企業や組織はサービスプロバイダー化に向かっています。製造業や建設業などのモノづくり産業も含めて、すべての業種がそのようにいわれています。

なぜ、サービスプロバイダー化するのでしょうか？

それは、DX化の根底には「顧客の体験価値」を向上させる考え方があるからです。

■ なぜ、体験価値を向上させることができるのか？

企業が社内データだけでなく、デバイスデータ・センサーデータ・SNSのテキスト情報に代表されるようなビッグデータを持てるようになったことで、細やかな分析が可能になり、必要な人に必要なタイミングで必要なサービス（商品含む）を提供できるようになったからです。

■ データ活用文化が勝敗を決める

大企業のほうが多種多様なデータを大量にもっているため、上手く使いこなせればより良いサービスを提供できます。

しかし、データを活用する文化が根付いていなければ、大企業であっても、あっという間に顧客が離れてしまうことが予想されます。

言い方を変えれば、ベンチャー企業でもサービス中心のビジネスモデルを構築し、データを活用してサービス開発を行えば、ファンがついてくることを示唆しています。特にSNSやブログなどデジタルマーケティングを上手く使いこなせば、エンゲージメントを高めることが可能です。

つまり、規模の優位性だけでは勝てない時代がきたといえます。

■ ビジネスサイドはどう変わるのか？

　経営戦略を考えるうえでの出発点では、**顧客の体験価値をいかに創出できるかという視点に立って考えていく必要があります。**

　経営戦略が変われば、日々の業務のやり方も変わってきます。不特定多数の顧客のニーズを想像する必要があるため、データを活用し、顧客ニーズの仮説立てを行い、サービス開発と改善を繰り返す**アジャイル型の活動**になります。

Point!　ビジネスサイドに求められる変化

- 体験価値の創出にフォーカスした戦略づくりを当たり前にしていくこと
- データを活用して、サービスの仮説検証ができる社員を育てていくこと

COLUMN

アジャイル型の活動とは？

　アジャイルとは、社会に素早くサービスを提供し、仮説と検証を繰り返しながらより良くする開発手法です。もともとはシステム開発の手法で使われる言葉ですが、DX時代ではデジタルサービスの開発をスピーディーに開発することが求められるため、アジャイル開発が一般用語として使われるようになりました。

　顧客ニーズが読めないVUCAの時代だからこそ、アジャイル開発が求められています。

COLUMN

体験価値の視点に立つとは

　例えば研修サービスを提供する事業者の場合、生徒の成績が期待したほどに向上しないと、生徒のやる気や勉強不足など、サービスの受け手である生徒側に問題があると判断し、改善しようとします。しかし、体験価値の視点に立つと、この姿勢は間違っています。生徒が悪いのでなく、研修コンテンツや教え方が悪いかもしれません。つまり、何が問題だったのか多角的に見て、生徒が興味をもって継続的に研修に取り組んでもらえるように改善していく姿勢が事業者側に求められます。この話は部下の指導や商品開発の現場でも同じことがいえます。

08 範囲と概観を理解する

■ バリューチェーンモデルで見たデータマネジメントの範囲

　図2.3.1はマイケルポーターが提唱したバリューチェーンモデルをもとに、データマネジメントの位置付けを筆者らが示したモデルです。

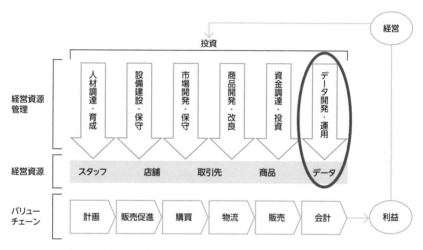

● 図2.3.1　データマネジメントの活動範囲

　データはバリューチェーンからすると経営資源であり、データを活用して初めてそのデータには価値があると考えます。

Point!　食材の提供がデータマネジメント

飲食店で例えるなら、より良い食材を提供するのはデータマネジメントサイドの仕事で、最高のレシピを考えて料理を提供するのはビジネスサイドの仕事といえます。

■ サービスブループリントで詳細化する

バリューチェーンモデルは、業務機能を連鎖させて価値を創出するモデルであることから、企業全体を俯瞰して関係者間の共通認識をつくるのに役立ちます。

しかし、サービスごとのプロセスを捉えるには粗すぎるため、詳細なモデルが必要です。

そこで、サービスを中心に顧客のタッチポイント（接点）や心の動きを表したものとして「サービスブループリント」というモデルがあります（図2.3.2）。サービスブループリントを使うことで、具体的に必要なデータは何かを整理することができます。

まとめると、バリューチェーンモデルで全体を押さえ、サービスブループリントで詳細を押さえます。これらのモデルを使って、ビジネスサイドとデータマネジメントの共通認識をつくり、同じベクトルを向いて、仕事をしていくようにもっていきます。

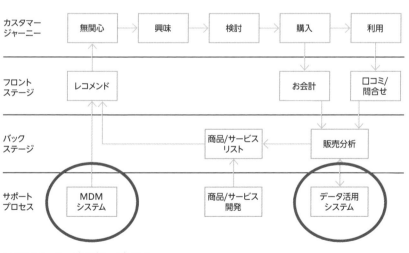

● 図2.3.2　サービスブループリント

サービスブループリントは、図2.3.2のようにカスタマージャーニーで系列化させて、フロントステージとバックステージの関わりを示し、サポートプロセスがどのように支えているか見えるようにします。

データマネジメントは、サポートプロセスに登場する機能です。サービスブループリントでデータマネジメントの位置付けを見えるようにすることで、データマネジメントが材料を提供するサポート機能であることがわかると思います。

■ データガバナンス活動プロセスの概観

第3章～第5章では、組織づくりについて解説します。本書ではデータガバナンスの実行について、その詳細は触れていませんが、**組織づくりを成功させるためには、データガバナンスの実行が不可欠**です。

ここでは簡単に、データガバナンス基本方針策定とデータガバナンス実行のプロセスを解説します。図2.3.3と合わせてご確認ください。

組織づくりのスタートは、データガバナンス側での基本方針策定です。施策策定、組織設計、ガイドライン策定が完了したら、データガバナンスの実行に移ります。

データガバナンスの実行では、データガバナンスチームがデータマネジメントチームにデータガバナンスの基本方針を伝えます。データマネジメントチームは、基本方針に基づいてPDCAを回し、データガバナンスチームに報告します。

データガバナンスチームは、データマネジメントチームからの報告とモニタリング結果を受けて、施策内容を評価します。**評価結果に基づいて、基本方針策定の改訂を行います。**

このように循環させることで、データマネジメントの文化が醸成されます。**スモールスタートであっても、このプロセスを回すことが大切**です。

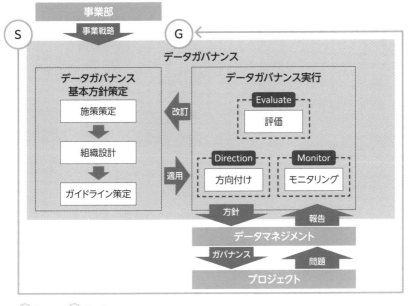

(S) Start　(G) Goal

● 図2.3.3　データガバナンスプロセスの概観

原則1 データを資産として扱う

■ 資産とは何か？

　資産とは、会計上の説明では貨幣に換算できるもので、将来に亘って企業に収益をもたらすことが期待される価値のことをいいますが、**本書では、価値を生み出す潜在的な能力をもっている経営資源と定義**します。

　ここでいう価値とは、経営資源を活用することで得られる利益です。ある経営資源を活用した施策の結果「キャッシュフローを生み出す」、「コストを抑える」、「売上を伸ばす」、「新商品を生み出す」、「顧客のニーズに応える」といったことを実現でき、それを通じて直接的・間接的に利益が生まれるのであれば、その経営資源には価値があるといえます。

■ データは第4の資産

　経営において、ヒト・モノ・カネは資産として当たり前のように考えられています。加えてDX時代においては、データも資産として認識すべきです。

　データが生み出せる価値とは、意思決定や戦略を補佐し、新しいインサイトを得られるところにあります。

　しかし、データに限らずですが、資産をもっているだけでは価値は生まれません。このことを、改めて認識すべきです。例えば、ヒトという経営資源は、「仕事」をすることで組織に価値を提供し、カネは「投資」されて初めて価値貢献します。それと同じように、データはヒトが「分析」して初めて意味のあるインサイト（洞察、潜在ニーズなど）を得ることができるのです。

■ 資産として維持するにはガバナンスとマネジメントが必要

　資産の価値を保ち、向上させるためには、ガバナンスを利かせて、マネジメントを行う必要があります（図2.4.1）。

　データにおいては、データを生み出した責任者でもある**「所有者＝データ**

オーナー」を明らかにして、データの価値を保ち、向上させるように責任を
もってマネジメントしてもらう必要があります。

　いくら口で「データを資産として扱っている」と言っても、データの所有
者がはっきりしておらず、マネジメントされていなければ、そのデータは価
値が保証されていない値の羅列に過ぎないのです。

　つまり、単なる資源かもしれないし、資産かもしれないということです。も
しかしたらダークデータに代表されるような負債ということもありえます。

　データを資産として扱うためには、遠回りに見えるかもしれませんが、デ
ータガバナンスを利かせて、データマネジメントに取り組むしかありません。

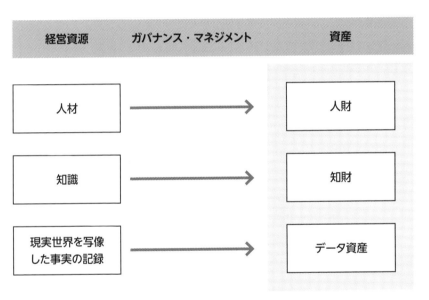

● 図2.4.1　データを資産として扱うイメージ

原則2 ガバナンスと マネジメントを分離する

■ ガバナンスとマネジメントは違う？

データガバナンスは、データマネジメントの実行を監督・サポートするものであり、**データマネジメントそのものではありません。**

統治するためのフレームワークを定めることがデータガバナンスの役割で、現場で日々発生するデータを管理するのがデータマネジメントの役割です。

後述のコラムにガバナンスの語源と参考文献を紹介していますが、**統治は人に対して使う言葉、マネジメントは財産に対して使う言葉**です。それぞれ**見ている対象が異なる点に着目**すると見通しが良くなると思います。

■ データガバナンスは委員会方式

データは組織横断で利用して初めて価値を創出するため、データガバナンスを推進するには、特定の組織や部門が担当するよりも、各事業部門や業務部門の責任者を集めて、**チーフデータオフィサー（CDO）**が調整役やファシリテーション役としてリードする委員会方式をとります。

委員会には他にも青写真が描けるチーフデータアーキテクト（CDA）や情報システム部門の最高責任者でもあるチーフインフォメーションオフィサー（CIO）にも参画してもらい、将来構造の実現可能性を描いていきます。

■ EDMとPDCA

データガバナンス活動とは、EDMを循環させることです。

EDMとは、**E：Evaluate（評価）、D：Direction（方向付け）、M：Monitor（モニタリング）**を表します。

Evaluateは、データマネジメント施策に基づく投資対効果を評価し、効果があれば追加投資を行い、効果がなければ施策を変える、やめるといった判断をする機能です。Directionは、データマネジメント施策に基づいて、デ

ータマネジメント推進リーダーの方向付けを行う機能です。Monitorは、デ
ータマネジメント施策が達成されているかモニタリングする機能です。

　データマネジメント活動とは、PDCAを循環させることです。

　**PDCAとは、P：Plan（計画）、D：Do（実行）、C：Check（チェック）、
A：Act（改善）**を表します。

　Planは、データガバナンスからの方向付けに基づいて、データマネジメン
ト施策の実行計画を立てて、体制・役割を具体化する機能です。Doは、デ
ータマネジメント施策に基づいて、データ活用基盤の構築・維持が行われる
ように技術支援・レビュ・教育を提供する機能です。Checkは、データ活用
者がデータ活用基盤をより良く利用できるように、データマネジメント施策
の範囲内でサポート（例えばデータ辞書の提供）する機能です。Actは、デ
ータマネジメント施策に基づいて、データ活用基盤が問題なく構築・維持・
運用されているか評価・改善し、ガバナンスへ報告する機能です。

　EDMは経営視点で循環させ、PDCAは現場を育てる視点で循環させます。
それぞれ目的をもって独立して循環させることで、組織全体が循環し、文化
が醸成され、データ駆動型経営の実現に近づいていきます。

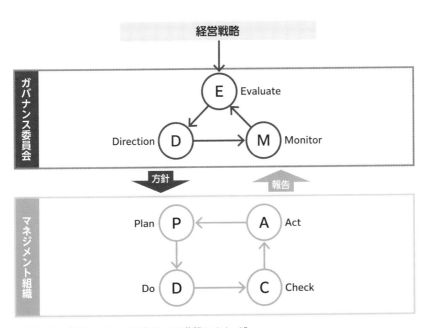

● 図2.5.1　ガバナンスとマネジメントの分離のイメージ

原則3 全体最適を優先させる

■ データアーキテクチャのデザインを最優先に行う

データマネジメント施策の優先順位は、全体最適に関する施策を最優先に実施します。

全体最適とは、企業全体の視点に立って、データを適切な場所に配置し、類似データをなくし、データ連携が整流/清流化するようにデータアーキテクチャをデザインすることです。

全体最適に関する施策は、経営戦略や事業戦略に書かれているので、ここからデータアーキテクチャをデザインします。

データマネジメント活動の初期段階で、データアーキテクチャのデザインができれば、全社レベルでの守るべき事項とルールが策定できるため、その後のデータマネジメント活動が非常にやりやすくなります。

各部門・各ケイパビリティにおけるデータ開発では、データアーキテクチャを守る前提で詰めていくため、部分最適なデータ開発はなくなります。

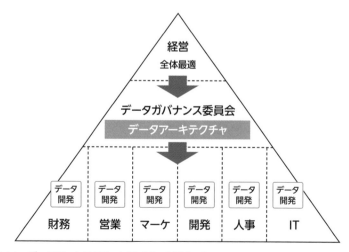

● 図2.6.1　データアーキテクチャに基づくマネジメント

原則4 データは全社的ケイパビリティと認識する

■ データは情報システム部門がマネジメントする？

データベースは情報システム部門が構築・維持することから、**データベースに関するマネジメントは情報システム部門が行っていました**。データベースに関するマネジメントとしては、主にデータベース構築として設計・実装、データベース維持としてパフォーマンスチューニング・データ量のモニタリング・バックアップリカバリ・BCP対策が挙げられます。

データベースの設計を行うためには、データベースに格納するデータは何か、データをどのように配置するか、データ項目のネーミングはどうするかなど、データに関する業務要件を決める必要があります。**データに関する業務要件を整理して、データベースに実装できるように構造化するタスクをデータモデリングと呼びます。**

データモデリングもシステム開発を行ううえで必要であったことから、情報システム部門が作成していました。ただし、プロジェクトで決まったシステム開発の範囲のデータモデリングです。

データモデリングについては第3部で詳しく述べますが、業務視点で作成した概念モデル、システム開発の都合で作成した論理データモデル、データベースマネジメントシステムの都合で作成した物理データモデルがあり、**概念→論理→物理という過程を経てデータベースに実装**されます。

実装されたあとの維持フェーズでは、最低限の人数で最低限のタスクしか行わないのが一般的で、**物理データモデルやデータベースのマネジメントのみが行われ**、概念データモデルや論理データモデル、データ項目のネーミングなどを維持メンテナンスする活動は行われません。

このことから、従来のデータマネジメントは、情報システム部門によって、実装に関わる物理的な領域のみで行われてきました。

■ 経営者の意識変化

従来は情報システム部門が実装に関わる部分のみ、データマネジメントを行っていたため、経営者はデータマネジメントに全く興味関心がありませんでした。

しかし、現在は違います。データ活用とデータマネジメントはワンセットで推進しないと経営が立ち行かなくなることを経営者は知っています。

2008年にデータマネジメントが日本に入ってきた当初は、バズワード的に経営者が部下にデータマネジメントの導入を指示していました。しかし、このような試みは**ほとんど失敗**に終わりました。理由は明確で、**ビジネス上の成果につなげられなかった**からです。

ところが、**近年MAやSFA、AI・BIの導入事例が増え**、徐々にデータ活用によるビジネス変革に成功した企業の出現が多くの経営者に**危機感**を煽るかたちとなりました。

危機感を煽るのが良いかどうかは別にして、データ活用の必要性がようやく経営者に届くようになったのです。

現在は、**個別業務改善や個別サービス向上のデータ活用だけでは限界**があり、組織全体でデータ活用を促進させて、顧客エンゲージメントを高めていくことが経営戦略に必要であると認識されています。そして、組織全体、企業全体でデータ活用を推進するためには、データ活用ができるデータ活用基盤が必要となり、データマネジメントが求められています。

今、この瞬間も多くの経営者は、データ活用とデータマネジメントがセットで必要だと本気で考え、行動しています。

■ データは全社的なケイパビリティ

現在のデータマネジメントは、**経営を左右する重要なケイパビリティ**です。

データは、財務・人事・商品開発・営業・マーケティング・ITと同じように経営活動で滞りなく使わなければなりません。

人事で例えるなら、優秀な人を採用して、適材適所に各業務部門へ配属させて、実践の中で能力を発揮させて、育てていくのと同じように、データマネジメントにおいても、**ビジネス施策に使えそうなデータを発掘し、各部門、**

各ケイパビリティにデータをスムーズに提供できるように高品質なデータを配置し、仮説構築を繰り返しながらビジネス施策に役立つようにデータを育てていく必要があります（図2.7.1）。

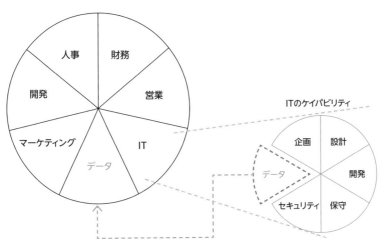

● 図2.7.1　全社的ケイパビリティのイメージ

COLUMN

データマネジメント導入の失敗

　データマネジメントが日本国内に広がり始めた頃、経営者やCIO・情報システム部門長はどこも口を揃えて「我が社もデータマネジメントを導入せよ」と号令をかけ、推進リーダーは右往左往しながら推進してきました。

　しかし、ビジネス施策がない中でのデータマネジメントの推進は非常に難しく、下手にマスタ統合やDWH/BIを構築するわけにもいきません。とりあえず、比較的推進がしやすい「データ品質向上」という施策を定め、データ項目に対する体制とチェックルールだけ設けて、システム開発時にレビューに参加する活動を行っていました。

　残念ながら、結果は散々でした。ビジネスサイドに何のメリットがあるのかわからない状態で、レビューで指摘ばかりしていたので、衝突してしまい、データ品質向上という施策は実現できませんでした。最終的には数年後に解散するという残念な結果に終わりました。やはり、ビジネス施策なくしてデータマネジメントの成功はないといえるでしょう。

原則5 強いリーダーシップを確立する

■ リーダーシップの必要性

データマネジメントを企業全体に浸透させるためには、強いリーダーシップが必要です。リーダーシップとは**指導力・統率力**を意味し、データガバナンスの文脈では**チーフデータオフィサー（CDO）**に相当する権限をもっている人が担います。データガバナンスは業務横断的な活動になるため、企業全体に影響を与えることができる**役員クラスをアサイン**するのが望ましいです。

■ ビヘイビア

態度・行動をビヘイビアと呼びますが、ビヘイビアも重要な要素です。メンバーはリーダーのビヘイビアを見て育つといいますが、まさにデータマネジメントの組織文化醸成は、リーダーのビヘイビアですべてが決まると言っても過言ではありません。

そのためにもリーダーはビジョンやミッション、ゴールなど、未来のイメージを大いに語り、**行動で示す**必要があります（図2.8.1）。

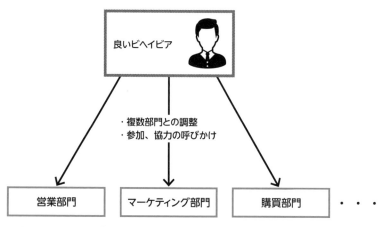

● 図2.8.1　強いリーダーシップのイメージ

原則6 個別プロジェクトから終わらないプログラムとする

■ データマネジメントは永続的な活動

　データマネジメントは一定期間で終了するプロジェクトではなく、**永続的に行われる活動**です。

　先にも述べましたが、従来のデータマネジメントは、基幹システムやデータウェアハウスの開発における最適なデータ設計やデータ項目名の標準化の一環として、プロジェクトの中で行われていました。システム開発プロジェクトが終了するとデータマネジメントチームも**解散**し、その後の維持は**システム保守チームの裁量**に任されていました。しかし、この方法ではデータを正しく管理し、資産価値を最大化することは望めませんでした。

　このことから、**プロジェクトとは独立**させて、プログラムとして永続的に活動できるように変えていくことが求められています（図2.9.1）。

従来のデータマネジメント	現在のデータマネジメント

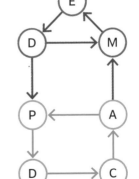

プロジェクトが終わるとマネジメントチームも解散　　プロジェクトにとらわれず、永続的に活動する

● 図2.9.1　従来の活動と現在の活動のイメージ

原則7 対象領域を絞った スモールスタートで始める

■ スモールスタートで戦略的に広げる

データマネジメントを始めると、意外と**やることが多い**ことに気付くと思います。そうなってしまう理由は、データマネジメントの経験がない中で、DMBOK2をベースに一通りやろうと考えているからです。ただし、仕方ない部分もあります。現場としては、**どのデータマネジメント施策を最優先に行えば良いか、なかなか判断が難しいのが本音**のようです。

幅広く始めるとビジネスサイドから「何のために行うのか」と問われ、一向に進まなくなることもあります。また多くの部門を相手にすることになり、**人的リソースが足りず**、辛い思いをしながら進めることになるかもしれません。**反発**を受けて、企業全体でデータマネジメントに対する**アレルギー**を招く恐れもあります。

そこで、まずは**短期的に効果を得られやすいマーケティング関連に絞って**、**顧客データの統合、商品データの統合、法規制への対応**から着手し、企業全体に成功体験をつくることから始めるのが良いでしょう。成功体験が得られることで、ビジネスサイドに必要性が理解され、横展開がやりやすくなります。

Point! スモールスタートの本当のねらい

スモールスタートのねらいは、仕組みをつくることです。施策は何でも良いので、まずは一通りガバナンス・マネジメントのプロセスを回し、回していく中で足りない施策を拡充させるという考え方にもっていくのがベストです。最低限の体制・プロセス・ルール・基盤をつくって回してみましょう！

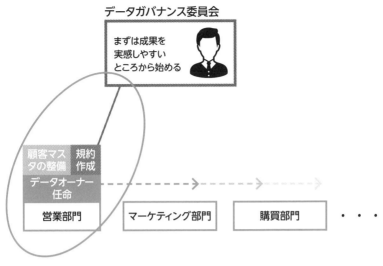

● 図2.10.1　スモールスタートのイメージ

ガバナンスとは

　ガバナンスの歴史的起源は、ラテン語のgubernareで「船を操舵する」という先導の意味があるようです。文献では「統治」という言葉を使っているので、「統制」は使わないほうが良いかもしれません。

　ガバメントとガバナンスはもともと同義だったようですが、ガバメントは国の統治、ガバナンスはそれ以外で使うようになったそうです。

　第1章で立法・行政・司法の活動がガバナンスだと触れましたが、国の統治で置き換えれば、この見方もあるということですね。

　ガバナンスについて詳しく知りたい方は、以下の文献をお薦めします。

- なぜ「ガバナンス」が問題なのか？ 政治思想史の観点から, 宇野重規, 東京大学社会科学研究所
- ガバナンスを問い直す [I], 大沢真理/佐藤岩夫, 東京大学社会科学研究所
- ガバナンスとは何か マーク・ベビア, NTT出版

原則8 データマネジメント活動も サービスとして考える

■ ビジネスサイドに良質なデータを提供するのがサービス

すべての企業がサービスプロバイダーの方向に進むということは、企業に所属するすべての構成員が**サービス指向**になるということです。顧客のタッチポイントを考える営業やマーケティングだけでなく、**企業内のやり取りもすべてサービス**として捉えます。

データマネジメントは、**2.2（RULE07）**でも述べた通り、ビジネスサイドでビジネス施策を仮説構築できるように、必要なデータをスピーディーに提供することがサービスとして求められます。

Point! データ提供のサービスを考える視点

次の4つの問いに答えられるようにしましょう。

- ビジネスサイドが解決したい課題は何か？
- 課題解決に必要なデータは何か？
- 課題解決に必要なデータをどのように提供するのか？
- ビジネスサイドが気付いていないデータ要件の仮説を考えたか？

・解決したい課題は何か？
・気付いていない要件もありそうだ
・あのデータを使おう！

● 図2.11.1 データマネジメントのサービスイメージ

第 3 章

データマネジメント施策策定

第2章では、データマネジメント組織づくりの「考え方」について見てきました。ここからは、いよいよデータマネジメント組織づくりの本題に入っていきます。データマネジメント組織づくりの最初の取り組みは、データマネジメントの実施事項を決めることです。
実施事項が決まることで、データマネジメント活動の方向性が明確になり、構成員が同じ方向を向いて活動できるようになります。
第3章では、データマネジメントの実施事項を決める「施策策定」について解説します。最初に施策策定の概観を押さえてから、進め方を見ていきます。

3.1
RULE
17 データマネジメント施策策定の概観を理解する

■ データマネジメント施策策定を一言で説明するなら

　データマネジメント施策策定とは、経営戦略や事業戦略に掲げられている「データ活用基盤」に関する構築・維持・運用・人材育成・組織づくりから、データマネジメント実施事項を決めることです。

■ データ活用基盤とは何か

　データ活用基盤については、6.11（RULE43）で詳しく触れますが、ここで簡単に説明しておきます。

　データ活用基盤とは、企業全体でデータ活用ができるように、データを連携・統合し、データ活用を促すためのサポートプロセスを提供するデータマネジメントのサービスです（サポートプロセスの意味は2.3のRULE08を参照）。

　データ活用基盤の機能は「マスタデータ管理、データ連携管理、データカタログ管理」です。

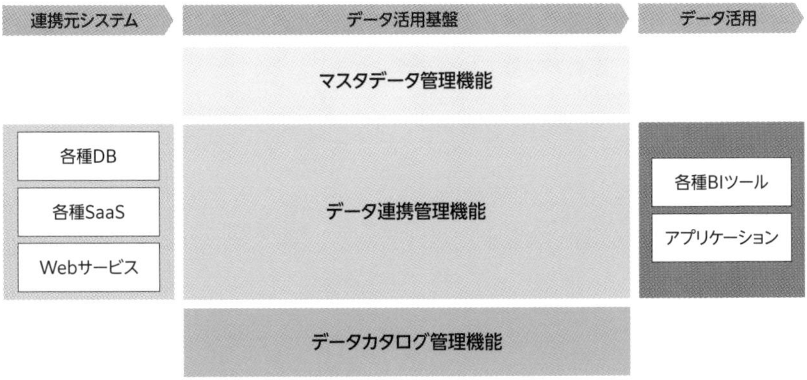

連携元システム	データ活用基盤	データ活用
	マスタデータ管理機能	
各種DB / 各種SaaS / Webサービス	データ連携管理機能	各種BIツール / アプリケーション
	データカタログ管理機能	

● 図3.1.1　データ活用基盤の機能（概観）

■ AIを組み込んだデータ活用基盤のデータアーキテクチャ

本項は図3.1.2を見ながら読んでください。AIは一言でいってしまえば作業の合理化です。したがって、個別業務の中で生成される連携元システムと同じ位置付けにしています。また、AIは非定型データ・ビッグデータなどを用いることが多いことから、Data Lake（データレイク）から生成する配置にしています。

AIで得られたデータを全社に展開してデータ活用することがあります。そのため、AIからデータ活用基盤に連携しています。

AIやBIで使用するデータを格納しておくのが、Data Lakeです。本書におけるData Lakeは、非定型データ・ビッグデータの置き場です。ここでは、ビジネス施策に関係のあるデータのみを管理するものとします。「使うか不明なデータもData Lakeに蓄積するべき」という意見もありますが、本書では、管理目的がないデータにはダークデータ化のリスクがあると考えており、そのようなデータの蓄積を避けることとしています。

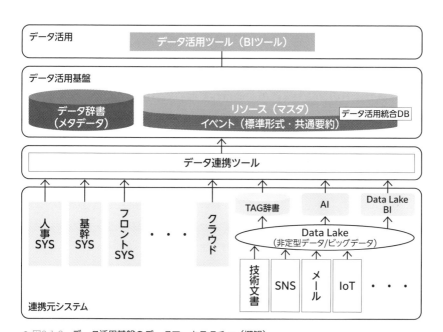

● 図3.1.2　データ活用基盤のデータアーキテクチャ（概観）

また、Data Lake内の非定型データにTAGを与えると検索性が向上し、活用しやすくなるため、TAG辞書を作りデータ活用基盤に連携しています。

■ データマネジメント活動のビジョンは何か

　データ活用基盤をフルに活用して、知識創造型のプロセスに変革し、CX・UX（User eXperience）を向上させるサービス開発ができる組織を目指すことです。

■ 施策の考え方はデータ活用基盤中心のビジネス活動の実現

　データ駆動型経営の第一歩は、ビジネスサイドが、データ分析を行いデータ解析に基づく意思決定ができていることです。

　データ分析を行うためには、外部データや社内データを集めて多角的に分析できる環境が必要です。また、データ解析に基づく意思決定ができるようになるためには、ビジネスサイドの仕事のやり方を仮説検証型に移行していく必要があります。前者はデータ活用基盤の実現そのものであり、後者はビジネスサイドの改革です。

　データ駆動型経営の実現には、車の両輪のようにデータ活用基盤の実現とビジネスサイドのプロセス改革を並行して進めていかなければなりません。

■ データマネジメント施策策定の最初の一歩は

　いきなりすべてのデータマネジメント施策を実施するのは数が多すぎるため、難しいです。優先順位を決めて、ロードマップに落とし込むのがベターですが、整理するだけでも時間を要するため、スモールスタートのコンセプトからすると、もっとコンパクトに考えます。

　そこで、最初の一歩はサービス向上に直接影響し、ビジネスサイドの効果が比較的得やすく、すでにデータ活用が進んでいる「マーケティング」に領域を絞るのが良いでしょう。

　データマネジメント施策は、データ活用基盤の構築・維持・運用といったサービス提供の視点で考えます。

マーケティング担当者にデータ活用基盤を利用することに慣れていただく必要がありますので、ある程度定型化したデータを提供しましょう。

とりあえず、各システムから顧客属性に関するデータを収集して、標準形式データを作成するところからスタートしましょう。

Point! データマネジメント施策に迷ったら

- 対象領域は効果が見えやすいマーケティング領域にする
- 顧客属性の標準形式データを作成する施策に絞る

分析と解析の違い

分析は、複雑な事柄を要素や成分に分け、構成を明らかにすることで、解析は、分析結果に基づいて「なぜ」について考察することです。

データ活用といった場合、本書では分析と解析を含めた言葉として使っています。

データ活用ができるとは、「色んな軸でデータを見て、傾向を掴み、考察し、新たな仮説を構築する」という一連の流れができることを意味します。

データ活用者の人材育成は、仮説構築スキルが肝であるといえます。

3.2
RULE
18 データマネジメント施策策定の 5ステップを理解する

■ データマネジメント施策策定の5ステップ

データマネジメント施策策定には次の5つのステップがあります。

◆ ステップ1：データ要件整理

経営戦略や事業戦略からデータ活用基盤の構築に関するキーワードを**データ、組織づくり、人材育成の視点**で抽出します。

◆ ステップ2：データマネジメント推進要件整理

データ要件整理で抽出したデータをデータ活用基盤で使えるようにするために**マスタデータ管理、データ連携管理、データカタログ管理の視点**で整理します。

◆ ステップ3：データマネジメント施策決定

標準データマネジメント施策一覧（表3.2.1）もしくはCMMI（Capability Maturity Model Integration）のDMM（Data Management Maturity）を参照しながら、実施事項を具体的に決めていきます。

◆ ステップ4：データマネジメント施策のKPI設定

決定したデータマネジメント施策の効果が定量的にわかるように**測定箇所**を決めて、**データマネジメント組織のKPI**として設定します。

◆ ステップ5：ビジョン策定

データアーキテクチャとデータモデルを使って、データ活用基盤が構築された**ゴールの姿（＝ビジョン）**を描き、関係者間で**共通認識**をつくります。

■ 3つの成果物

データマネジメント施策策定の成果物として、次の3つが挙げられます。

◆ その1：データマネジメント施策一覧

データマネジメント施策一覧には、**データ要件、データマネジメント機能、知識領域、施策内容、測定箇所、KPI**を書きます。成果物で伝えたいことは、データ要件に対してどのデータマネジメント施策を適用するか、です。

◆ その2：データアーキテクチャ

データアーキテクチャとしては、**3.1（RULE17）の**図**3.1.2：データ活用基盤のデータアーキテクチャ（概観）**のようなイメージの絵を描きます。成果物で伝えたいことは、全体を俯瞰したデータの配置とデータの流れです。

◆ その3：データモデル

データモデルとしては、「**データ活用基盤内のデータ構造を標準化する目的**」を意識して、図**3.2.1**のような**青写真**を描きます。

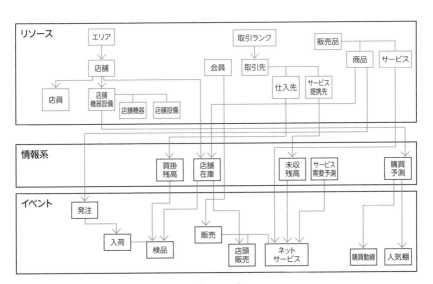

● 図3.2.1　例：小売業のデータ活用基盤のデータモデル

実際にやることは、個別業務システムから集められたデータの**標準化**です。標準化の意図は、データ活用基盤内に**どのようなデータがあるのか**を明確にしておくためです。

具体的には「**データ配置**」と「**データ間の関係**」を整備します。

整備の拠り所は「業務」です。みんながわかる業務機能と業務機能間の関係に合わせて整備することで、共通理解が進みます。

業務で得られるデータの**意味**を理解しながら、データを配置し、データ間の関係を整理します。工場の仕事で例えるなら、モノの置き場を決めるために、同じ種類のモノを1箇所に集めて、いらないモノは捨て、作業の動線に合わせて置き場を配置していくようなイメージです。

データモデルを作成したら、次に業務領域を描きます。

図3.2.2のようにデータ連携元の業務領域をラベル貼りしていきます。ラベルを貼ることで、どの業務で生成したデータを使っているのかが一目でわかるようになり、**データ活用時に業務視点で使いたいデータを見つける**ことが容易になります。

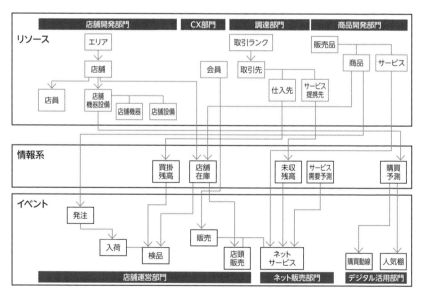

● 図3.2.2　例：小売業のデータ活用基盤のデータモデル（業務領域）

最後にデータ連携元のシステム領域を描きます。

　図3.2.3のように四角い枠で囲んで、どのデータがどのシステムで生成されているのかわかるようにします。

　図3.2.3の店舗在庫の箱を見てください。発注システムとPOSシステムに囲まれています。これはデータ連携元のシステムがそれぞれ店舗在庫をもっているか、どちらかのデータと連携し合っていることを示しています。

　このようにシステム領域が重なっている箇所は、業務固有のローカルルールがあるかもしれませんので、少し複雑な標準化が必要になります。

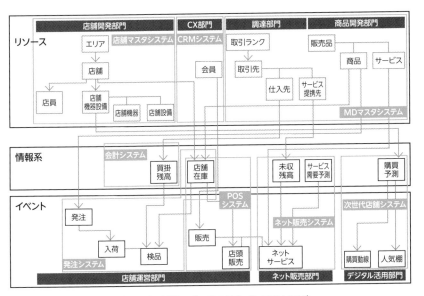

● 図3.2.3　例：小売業のデータ活用基盤のデータモデル（システム領域）

　図3.2.3がデータモデルの完成系です。このデータモデルを使って、関係者と共通認識をつくり、ゴールの姿（＝ビジョン）として示していきます。

　図3.2.3のようにいきなり全部をつくるわけにはいかないので、領域を徐々に広げながら進めていきます。ステージがわかるように「現状→ステージ1→ステージ2→ゴール」とし、領域の枠を付けて一目でわかるようにします。合わせてマスタースケジュールを用意して、ロードマップにします。

　なお、ガバナンス実行時は、ステージを上げていく過程で、データ活用基盤のゴールの絵が崩れないように完成系のデータモデルを使ってガバナンスしていきます。

■ 表3.2.1　標準データマネジメント施策一覧（No.1〜No.3）

NO	知識領域	NO	分類	標準施策
1	データガバナンス	1-1	戦略	ビジネス施策に基づくデータ要件を整理し、データマネジメントとして実施すべき事項を明確にする
		1-2	ステークホルダー	データガバナンス・データマネジメント活動に関する方針（ポリシー）を関係者に浸透させて、ガイドラインに基づく活動をできるようにする
		1-3	組織	データガバナンスとデータマネジメントは分離し、適材適所に要員をアサインし、EDMとPDCAを回せる組織にする
		1-4	プロセス	EDM・PDCAに基づいて、課題検討や改善、活動の評価をできるようにプロセスを回す
2	データアーキテクチャ	2-1	全社データ要件の管理	全社に関わるデータ要件を整理し、エンタープライズデータモデルに反映する
		2-2	データ構造の全体最適化計画	将来の業務変化に耐えられるように柔軟なデータ構造を策定し、全体最適に向かうようにガバナンスする
		2-3	データ統合基盤計画とデータ流通経路の最適化計画	企業の成熟度に合わせて、これから必要になるデータ活用基盤（マスタデータ管理機能、データ連携管理機能、データカタログ管理機能）を考え、企業全体のデータ配置と最適なI/Fを実現する
		2-4	データ活用支援施策計画	データ活用者のサポートとして、データ辞書やデータカタログの提供、データスチュワードとの関わり方、データ活用者への技術支援などを計画する
		2-5	AsisデータアーキテクチャとTobeデータアーキテクチャの確立	AsisデータアーキテクチャとTobeデータアーキテクチャを描き、ロードマップに使うドキュメントを作成する
		2-6	データアーキテクチャのロードマップ策定	ロードマップ（Asis、Canbe、Tobeの変化の絵と優先順位、スケジュール）を策定し、関係者の共通認識をつくる
		2-7	エンタープライズアーキテクチャ（BA・AA）の連携	ビジネスアーキテクチャに基づいてデータアーキテクチャを設計し、データアーキテクチャを起点にアプリケーションアーキテクチャを見直す
3	データモデリングとデザイン	3-1	データモデル	データモデルの作成方法を開発者に理解してもらい、One fact in one placeの原則、共通個別の原則、MECEなデータ配置の原則に従って、データモデルを作成する
		3-2	データ項目	データ項目定義の書き方、作成方法を明確にし、誰が見ても（データ活用者が見ても）わかりやすい定義にする
		3-3	ネーミングルール	エンティティ名、データ項目名、ドメイン名、コード値を業務に即した言葉にして、標準化する

チェック項目
・ビジネス施策とデータマネジメント施策が対応づいていて、何のためにデータマネジメントを実施するのかわかるようになっている ・データマネジメント施策の優先順位・実施事項・スケジュールが決まっている ・データマネジメント施策の効果を測定するためにKPIが設定されている
・データガバナンス/データマネジメント方針書がある ・DMBOK2の知識領域ごとのガイドラインがある（ガバナンスを除く） ・Eラーニングや研修など教育の場がある
・チーフデータオフィサー（CDO）とチーフデータアーキテクト（CDA）がデータガバナンス組織に配置されている ・データスチュワードとデータアーキテクトとデータオーナーがデータマネジメント組織に配置されている ・データガバナンス組織とデータマネジメント組織は双方向に連携し合えるようになっている ・データマネジメント組織がサブジェクトエリアごとに設置され、領域横断の検討ができるようにステアリングコミッティが設置されている ・ステアリングコミッティはCDO・CDAがリードしてデータ要件を詰めている ・ビジョン・ゴール・ミッション・プリンシプルを定め、データガバナンスができるようになっている ・データガバナンス/データマネジメント組織の体制図があり、役割に合わせて適任者がアサインされている ・人材育成の計画があり、実施している
・データマネジメントの実行（D）で発生した課題を管理し、解決に向けた検討ができるプロセスがある ・データマネジメント施策の投資対効果を測定し、追加投資や削減などの判断ができるプロセスがある ・政府や業界からの規制に基づく施策を評価し、守りのガバナンスができているか確認するプロセスがある ・エスカレーションプロセスやルールがある ・領域横断の検討プロセスやルールがある
・エンタープライズデータモデルがあり、企業全体で守らせたいデータ構造がわかるようになっている
・データ構造が疎結合になるように考えられている
・エンタープライズデータモデルに基づいて、データ活用基盤が考えられている
・データ活用基盤をサービスと捉えて、データマネジメントサイドが提供すべきサービスは何か考えられている
・Asisのエンタープライズデータモデルやサブジェクトエリアモデルがある ・Tobeのエンタープライズデータモデルやサブジェクトエリアモデルがあり、Asisと何がどう変わるのかデータモデル図に直接吹き出しでコメントしたり、プレゼン資料を使って解説したりして、わかるようになっている
・データマネジメント施策に関するマスタースケジュールがあり、エンタープライズデータモデルとセットでわかるようになっている
・エンタープライズデータモデルに業務とシステムの枠が対応づいていて、MECEでない部分が見えるようになっている ・データ視点で業務機能がMECEになっていない部分を業務標準できないか検討する場がある ・業務機能一覧に対応付いたエンティティー覧（全社レベル）がある ・サブジェクトエリアモデルがあり、データオーナーが明確になっている
・データモデルの作成ガイドラインがあり、目的や意義、概念・論理・物理の違い、データモデルの作成方法、データモデルの文法が記載されており、データ開発者に周知されている
・データ定義（ドメイン含む）の文章の書き方、作成手順が明確になっており、周知されている ・単語、ドメイン、コード値の一覧があり、使い方が周知されている
・ネーミングルールがあり、周知されている

NO	知識領域	NO	分類	標準施策
3	データモデリングとデザイン	3-4	プロセス	概念・論理・物理のデータモデルとデータ定義の作成方法とレビュプロセスを策定し、システム開発標準に組み込み、プロセスを回す ※データ定義とはドメイン定義、エンティティ定義、データ項目定義、コード定義、コード値定義の総称
		3-5	品質	データ構造やデータ定義がデータマネジメント戦略で定めた目指す姿に合っているか、ガイドラインで定めたルールに基づいて作成されているかチェックして、品質が悪くならないようにガバナンスする
		3-6	パフォーマンスの最適化	パフォーマンスを考慮して、非正規化のルールを策定する
4	データストレージとオペレーション	4-1	データベースの管理/運用プロセスの標準化	データベースの運用プロセスを標準化し、管理目的や管理方法をガイドラインに明記し、日々運用する
		4-2	データベース技術/標準ツールの推進	ビジネスに貢献できるように最新の最適な技術・ツール・ソリューションを検討して提案する
5	データセキュリティ管理	5-1	要件	ビジネスサイドや各種規制（個人情報保護、GDPR、バーゼル規制など）から求められるデータセキュリティの要件を整理し、データセキュリティ要件の必要性やビジョンを共有する
		5-2	ルール	セキュリティ管理対象のデータとセキュリティ強度を決めて、セキュリティ管理対象のデータに対して、どの権限をもった人が、どこまでアクセス可能なのかを明記し、ガイドラインにまとめる
		5-3	プロセス	全社で統一的にアクセスログを記録、管理し、インシデントに対する調査をできるようにプロセスを回す
		5-4	標準化	データセキュリティに関する取り組み（いつ、誰が、どのように守らなければいけないか）を定め、ポリシーやガイドラインとして整備する。また、ビジネス要件や法規制の変更を速やかにポリシーに反映できる体制、プロセス、手順を整備する。 ポリシーやガイドラインが日々の業務で遵守されているか監視し、問題が起きた際は都度改善を行えるようにする。 ポリシーやガイドラインを全社に周知徹底するためのデータセキュリティ教育を定期的に実施する。
6	データ統合と相互運用性	6-1	要件	ビジネス施策に基づくデータ統合要件とデータ連携要件を整理し、データ連携標準の必要性やビジョンを共有する
		6-2	アーキテクチャ	全社でデータ連携のアーキテクチャを統一する（FTPによるファイルI/F、DBリンク、API連携、ETL、データHUB、マイクロサービスなど）
		6-3	プロセス	データ連携要件定義に対するプロセスとレビュ方法を明確にして、運用する
		6-4	標準化	データ連携のフォーマットを標準化し、類似ファイルを作らせないようにする。また、データ連携の取得は、データ発生元から取得（バケツリレーではない）するようにルール化する。

チェック項目
・システム開発標準のレビュープロセスにデータマネジメントサイドによるデータ要件の確認やレビュがあり、承認しないと次の工程に進められないルールになっている ・レビュ記録があり、課題検討ができるプロセスがある ・レビュ対象の成果物が決まっていて、レビュポイントが明確になっている ・エンタープライズデータモデルで定めたデータ構造を守らせるためにガバナンスを利かせている ・類似項目や類似コード値を作らせないように、データ辞書を使って守らせるようにガバナンスを利かせている
・クリティカルデータエレメント（CDE）が定義されており、評価指標（完全性、有効性、正確性、妥当性、一貫性、一意性/重複排除、整合性、適時性）と評価方法が明確になっている ・評価結果に対して、報告ラインがあり、改善活動ができるようになっている ・エンティティ単位かデータ項目単位で品質基準を定め、データマネジメントサイドのKPIとして設定している
・CRUDマトリクスを使ったアクセス分析、非正規化の手順がガイドラインに明記されており、データ開発者に周知されている
・DBAを設置し、DBMSのモニタリング項目を決めて、パフォーマンスや容量が悪化しないようにマネジメントできるプロセスがある ・データベース製品を決める基準がガイドラインに書かれている ・事業継続性の計画書がある ・ストレージの状態・傾向がわかり、改善提案している ・物理データモデル（テーブル定義、表領域、データファイルなど）がメンテナンスされていて、関係者が参照できるようになっている ・インスタンス、アクセス、パフォーマンスの管理ができるようになっていて、問題があったら即対応できる体制になっている ・データベースのテスト環境や代替環境が維持されており、本番環境に問題があった際に切り替えができるようになっている ・データ移行のやり方やルールが整備されており、運用できている
・最新のデータベース技術をウォッチし、全体最適を考慮した標準的なツールやソリューションを選定している ・最新情報を収集して関係者に展開している ・定期的に検討会を開いて、ビジネスサイドに役立つ事例を整理している
・ビジネス施策に基づくデータセキュリティ要件が整理されており、データセキュリティ要件の必要性が方針書にまとめられて、全社に周知されている
・セキュリティポリシーやガイドラインが策定されている ・データ項目レベルでアクセスルールが決まっている
・データセキュリティ要件に基づいて、ポリシーやガイドラインを更新している ・データにアクセスした人を特定した上で記録を残し、事故や不正の調査が可能な状態にある ・データへのアクセスログはとっている ・不正なデータ操作の修正フローが整備されている
・データセキュリティの管理体制、インシデントが発生した場合の連絡方法・暫定対応・恒久対応のプロセスが定義されている ・データセキュリティに関する教育を定期的（最低でも年1回）に行っている
・ビジネス施策に基づくデータ統合要件が整理されており、データ連携標準の必要性が方針書にまとめられて、全社に周知されている
・データ連携のアーキテクチャを示した方針書やガイドラインがあり、全社に周知されている
・運用プロセスとガバナンスルールが書かれた資料があり、実際に運用されている
・データ統合要件とデータ連携元のデータライフサイクルに基づいて、データ連携の要件を定義し、データの生成から消滅までのライフサイクルが決まっている ・データ連携のフォーマットがあり、標準化する方法が周知されている ・データリネージに関する資料があり、データ連携が整流/清流化されている（ブラックボックスやスパゲティ状態ではない）

NO	知識領域	NO	分類	標準施策
7	ドキュメントとコンテンツ管理	7-1	要件	顧客の体験価値を高めるために、非構造化データを使ったアドホックなデータ活用の促進が必要であることを共有する
		7-2	アーキテクチャ	ドキュメントとコンテンツの置き場を決めて、データ活用で使うデータは整形し、DWHに格納するアーキテクチャを設計する
		7-3	プロセス	ポリシーやガイドラインに従って非構造化データを管理し、運用する
		7-4	標準化	非構造化データを取り扱う際のポリシーやガイドラインを整備する
8	参照データとマスタデータ	8-1	要件	ビジネス施策に基づく統合マスタ要件を整理し、統合マスタの必要性やビジョンを共有する
		8-2	アーキテクチャ	名寄せ型（DWH/BI型）、HUB型（個別業務で登録して集める）、集中管理型（統合マスタ側で登録し個別業務に配信）のいずれかに決めて、アーキテクチャに基づくデータ連携や運用プロセスを策定する
		8-3	プロセス	マスタデータ（エンティティ、レコード）の追加・更新・削除の運用プロセスやレビュ方法を明確にして、運用する
		8-4	標準化	ゴールデンレコードを定義し、グローバルコードとローカルコードの整合性を維持し、共通項目と個別項目を整理する
9	データウェアハウジングとビジネスインテリジェンス	9-1	要件	ビジネス施策に基づくデータ活用の要件を整理し、データ活用基盤の必要性やビジョンを共有する
		9-2	アーキテクチャ	オンプレミス、クラウドに関係なく、ステージングエリア、DWH、DMの3層設計思想を統一し、全社で1つのデータ活用基盤を構築する
		9-3	プロセス	データマートの生成・更新・削除の運用プロセスやDWH/BIのデータフロー、ワークフロー、リネージの運用プロセスを明確にし、運用する
		9-4	標準化	DWH層のデータ構造の標準化、ツールの標準化をする

チェック項目
・ビジネス施策に基づく非構造化データの要件が整理されており、非構造化データの必要性が方針書にまとめられて、全社に周知されている ・非構造化データを使ったデータ活用推進が経営戦略に掲げられていて、データ活用者の育成、データ活用基盤の構築といった動きがある
・データレイクとデータ活用基盤の違いがわかるようになっていて、管理すべき非構造化データはデータ活用基盤で管理し、データ活用基盤に基づく管理ルール・方法で運用している ・使用するかわからない非構造化データ（画像、センサーデータ、テキスト、音声など）は、データレイクに蓄積してデータマネジメント対象外にし、活用すると決めたデータは、データ活用基盤に取り込んで管理している
・アドホックなデータ活用のプロセスを標準化する活動をしており、非構造化データのデータ活用者を増やす教育の実施やガイドラインが整備されている ・データ活用で使う非構造化データをマネジメントし、ダークデータを作らせないようにしている
・ソーシャルメディア取扱に関するポリシー、デバイスアクセスに関するポリシー、センシティブデータの取扱に関するポリシーなどがドキュメント化されていて、運用されている
・ビジネス施策に基づく統合マスタ要件が整理されており、統合マスタの必要性が方針書にまとめられて、全社に周知されている ・ビジネス施策に基づくマスタデータの要件を洗い出し、コード統一するデータをエンティティレベルで特定し、優先順位を決めている ・ビジネス施策と統合マスタ要件が対応づいており、関係者に必要性が理解され、モチベーションが維持できている ・Asisの運用プロセス・概念データモデル・データ定義を可視化し、Tobe検討の拠り所としてAsisを使い、各業務の合意を図っている
・統合マスタのアーキテクチャ（名寄せ型（DWH/BI型）、HUB型、集中管理型）を決めて、実際に進めている ・Asisのデータアーキテクチャとデータリネージを考慮して、統合マスタデータの配置とライフサイクル（生成〜消滅）を設計し、データ連携を整流/清流化させている
・運用プロセスとレビュ方法が明確になっている ・マスタデータが汚れないようにモニタリングしている ・マスタデータのデータスチュワード、データアーキテクト、データオーナーがいる ・マスタデータの登録・修正・削除や新規エンティティ追加に伴う運用プロセスの資料があり、実際に運用されている
・ゴールデンレコードを定義し、マッピング表を用いて、グローバルコードとローカルコードの整合性が維持されている ・共通と個別を切り分けるルールがあり、その通りに設計されている ・共通コードの設計と定義方法があり、その通りに設計されている
・ビジネス施策に基づくデータ活用要件が整理されており、データ活用基盤の必要性が方針書にまとめられて、全社に周知されている ・ビジネス施策から意思決定者が必要とする情報系のデータ要件を取りまとめ、データ分析軸とデータ集計軸を整理している ・アドホックなデータ活用でも、活用目的がわかるように要件を管理している ・ビジネスサイドでバランススコアカードに基づくKPIを設定し、KPIが情報系のデータ要件になっている
・定型的なデータ活用（管理会計）とアドホックなデータ活用（マーケティング）を整理し、データ活用者のスキルレベルを踏まえて、データアーキテクチャを考えている ・データ連携（リアル、バッチ）方法を決めていて、データ整合性が崩れないようにデザインされている
・要約分析表を使ってデータマートをガバナンスしている ・データ活用基盤のブラックボックス化やダークデータの発生を防ぐためにビジネスメタデータでデータマートのWhyを管理し、削除基準を設定している ・データ活用のデータ辞書やナレッジDBがあり、データ活用者が利用している
・ツールの全社標準を考慮しつつ、ビジネス施策の達成に必要なツールを選定し、複数のツールが使われてもDWH/BIのデータアーキテクチャに影響がないようにルールで何らかの取り決めをしている ・DWH/BIのデータ構造は、業務の本来あるべき姿に基づいて標準化し、設計している

NO	知識領域	NO	分類	標準施策
10	メタデータ	10-1	要件	ビジネス施策に基づくデータ活用促進におけるデータ辞書、データ活用者の人材育成に伴うナレッジDBの強化の要件を整理し、データカタログ（メタデータ管理）の必要性やビジョンを共有する
		10-2	アーキテクチャ	ビジネスメタデータとアプリケーションメタデータのメタデータ構造を設計し、データ活用者およびシステム開発者にメタデータを提供できるようにする
		10-3	プロセス	メタデータの登録・更新・削除プロセスを明確にして、運用する
		10-4	標準化	メタデータの管理対象であるエンティティ、ドメイン、データ項目、コード値の品質を向上させるためにネーミングルールや意味定義の書き方の標準化をする
11	データ品質	11-1	要件	ビジネス施策に基づくデータ品質要件を整理し、データ品質管理の必要性やビジョンを共有する
		11-2	対象	データ品質の対象項目（CDE）を決めて、管理レベルを定義する
		11-3	プロセス	データ品質を維持・向上させるためのプロセス（測定や報告タイミングなど）を明確にし、改善活動を行う
		11-4	標準化	評価方法、評価基準、報告ラインのガイドラインを策定する

チェック項目
・ビジネス施策に基づくデータ辞書やデータカタログの要件が整理されており、データ辞書やデータカタログの必要性が方針書にまとめられて、全社に周知されている ・エンティティ・データ項目・コード値などのアプリケーションメタデータのみで良いか、ビジネスメタデータまで管理してデータ活用者のナレッジ共有、DWH/BIの維持管理をできるようにするか検討し、必要なメタデータの要件を定義している ・データ辞書の検索がしやすいようにタグやカテゴリの要件を確認している ・類似データ項目を削減する要件があり、メタデータ管理で対応を考えている
・メタデータ構造図があり、ビジネスメタデータとアプリケーションメタデータがすべて揃っている
・メタデータの運用プロセスがシステム開発標準に定義されている（データモデリングとセットでプロセスが設計されている） ・データ辞書やデータカタログの公開方法を決めている
・メタデータ構造図の作成方法や定義方法があり、関係者に周知・理解されている
・ビジネス施策に基づくデータ品質要件が整理されており、データ品質の必要性が方針書にまとめられて、全社に周知されている ・データ品質管理基準（正確性、完全性、一貫性など）が定義されている ・ビジネス施策に基づいて、データ品質要件を洗い出し、優先順位を決めている
・CDEが明確になっている ・データ項目レベルで役割ごとのアクセス権を定義している
・マネジメント実施前に対象データ項目を測定し、期待値との差異を確認している ・データ品質改善目標を設定し、実行している ・データ品質改善目標をデータマネジメント活動のKPIとして設定している ・経営者のDQの成果を報告し、活動を認めてもらっている ・データスチュワード、データアーキテクト、データオーナーが連携しあって、品質を高めている ・自動化している部分と人手でやるところが明確になっている
・DQの評価方法、評価基準、報告ラインがわかるガイドラインがある

データマネジメント施策策定の進め方を事例で理解する

■ 事例：架空の美容機器メーカーＡ社の経営戦略（一部）

　グローバル展開する美容機器メーカーＡ社では、これまで大型家電量販店で、美容機器のお試しや美容に関するコンサルティングを行い、専門性をアピールする方法で販売していました。しかし、海外では苦戦していたため、国内・海外含めてすべてのビジネスプロセスを精査した結果、Web販売にシフトし、One to Oneマーケティングに基づく販売方法にビジネスモデルを変革させることを検討しています。

　他社でも同様の販売方法の見直しを実施し、データを活用することで、消費者の細かいニーズに応えることができるようになっていることから、顧客とのエンゲージメントが高まり、企業成長が望めると予想します。

　計画では、商品マスタの統合、顧客マスタの統合、Web上での動線データの蓄積、口コミやSNSのデータ収集、データ活用ナレッジの共有、アドホックなデータ活用など、データ駆動型のビジネス活動が行えるようにデータ活用基盤の構築を行います。

　ビジネスサイドも業務改革を行うために、セールス・マーケティング担当者のデータ活用促進に向けた教育も実施する予定です。

■ ステップ1：データ要件整理

　データに関するキーワードは「商品マスタの統合」、「顧客マスタの統合」、「Web上での動線データの蓄積」、「口コミやSNSのデータ収集」、「データ活用ナレッジの共有」、「アドホックなデータ活用」、「データ活用基盤の構築」となります。

　また、自社の人材育成や組織づくりの視点で考えると、「社員マスタの統合」、「社員スキルの把握」、「社員の経歴」といったタレントマネジメントに必要なデータもデータ活用基盤に取り込む必要がありそうです。データ活用者を育てる施策やナレッジ共有の場づくりも考えられそうです。

これ以外にも「買い物カゴの分析」、「お気に入りの分析」、「ページ滞在時間」、「購入後の利用状況」、「アンケート結果の管理」が将来的に必要になるかもしれませんので、データマネジメントサイドの仮説としてもっておき、ビジネスサイドに確認します。

Point! 経営戦略や事業戦略が抽象的だったら

中長期経営計画を見ると経営戦略や事業戦略からデータ戦略のキーワードが拾えます。

それでも見つからない場合は、経営や事業部にインタビューをして、戦略を確認しましょう。

■ ステップ2：データマネジメント推進要件整理

　顧客マスタの統合を例に見ていきましょう。

　マスタデータ管理が必須であることは明確ですが、統合顧客マスタが構築されるということは既存システムとのデータ連携も考えられるため、データ連携管理も必須になるはずです。

　また、データ活用基盤の構築を目指すのであれば、データ活用者がデータ項目の意味を把握するための環境も、合わせて実現する必要があります。そのため、データカタログ管理も必要になると考えます。

　データ品質管理とデータセキュリティ管理はどうでしょうか。

　もちろん必要になります。ただし、どこまで管理するかは検討の余地がありそうです。

Point! 整理の仕方

「データ要件整理で抽出したキーワード」と「データマネジメント機能」のマトリクス表を作成し、必要な機能を洗い出します。

■ ステップ3：データマネジメント施策決定

　標準データマネジメント施策一覧（表3.2.1）を参照しながら、作成していきます。顧客マスタのマスタデータ管理であれば、次の問いに答えていくイ

メージです。

- MDMの目的を周知するにはどうするか（8-1要件より）
- 共通データと個別データを分ける配置にするか（8-2アーキテクチャより）
- 配信方法は統合マスタから配信するか（8-2アーキテクチャより）
- 共通データのオーナー（データの管理責任者）は誰にするか（8-3プロセスより）
- 新規マスター要件の決定プロセスはどうするか（8-3プロセスより）
- データが汚れないようにするにはどうするか（8-3プロセスより）
- コード標準の考え方やルールはどうするか（8-4標準化より）

　標準データマネジメント施策一覧は、DMBOK2をベースに筆者らが作成したものを参考に載せました。最新版はデータ総研のホームページ（https://jp.drinet.co.jp/download）からダウンロードできます。チェック項目の記載内容が現状で実現できているかチェックしていくかたちで進めてみてください。

　その他、CMMIのDMMも参考にできます。CMMIのDMMの日本語版は、ISACAのホームページに掲載されています（https://cmmiinstitute.com/resource-files/public/dmm-model-at-a-glance-japanese-language）。

　DMMに書かれているプラクティスを検討するかたちで進められます。

Point!　施策の決定方法

データ要件を充足できるように、データ活用基盤の機能（6.11のRULE43参照）ごとに「実施すべき事項は何か」について、応えていくかたちで決定していきます。

■ ステップ4：データマネジメント施策のKPI策定

　経営戦略や事業戦略に直結する活動目標はビジネスサイドで設定しますが、データマネジメント活動の目標は、データ活用基盤がどれくらいビジネスに貢献できているかを可視化できるように、データマネジメントサイドで設定

します。

Point!　KPI策定の観点

施策ごとにQCDの観点で検討します。

　例えば、次のようなKPIの策定を検討します。

- データ活用基盤の活用頻度（アクセス数や要件追加数など）
- データ活用基盤の検索速度（レスポンス）
- データ構造の品質（アーキテクチャ・モデルのチェック）
- データ項目の品質（ネーミング・意味定義・値のチェック）
- 不正アクセス（不正アクセスの種類・数など）
- データ開発スピード（工数）

　顧客マスタのマスタデータ管理であれば、顧客データの検索数、顧客に関するデータ要件の追加数、検索レスポンスタイム、共通項目と個別項目の基準に対する差異数、同一対象を認識するコード値の数、同音異義語と異音同義語の数、個人情報・機密情報の不正アクセス数、品質管理対象項目に対する品質基準と測定結果、顧客マスタの新規データモデリング工数が考えられます。

■ ステップ5：ビジョン策定

　ビジョンとは、**ゴールが達成されたときの業務の姿**です。業務の姿は、業務プロセス・体制・業務ルール・リソース配分・データ構造・人材育成・リーダーシップの視点で描いていきます。このうち、**データ構造**についてはデータマネジメントサイドで描きます。

　全社規模の取り組みの場合、エンタープライズデータモデルを描きますが、一部の業務領域の取り組みであれば、対象業務領域とその周辺業務領域の範囲で描けば良いです。

　今回の事例では、ステップ1で特定したデータ要件「顧客」、「商品」、「口コミ」などを頼りにデータモデリングを行います。図3.3.1は作成したデータ

モデルの一部です。

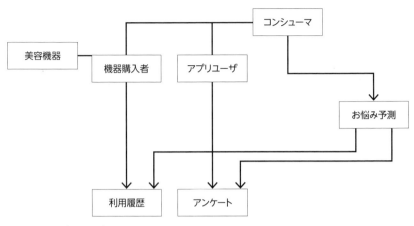

● 図3.3.1　データモデルの一部

　データモデリングを行ったら、業務領域とシステム領域をデータモデル図に描いて完成です。

　ビジョンを策定したら、そこに至るまでのロードマップとして、マスタースケジュールを作成します。規模が大きく、10年ぐらいかけて変えていく場合は、過渡期のビジョンも示す必要があるため、ステージを決めてデータモデルで示していきます。

　例えば、顧客や商品はデータ活用者のニーズが高く、データ分析の集計軸にも影響するため、早い段階で実現し、個別ニーズのアンケートや口コミは次の段階にするなどです。

Point!　ビジョンを策定したら守ってもらうようにガバナンスする

ビジョンは共有して終わりではありません。ゴールに到達するようにデータ構造を守ってもらう必要があります。そのためにもデータマネジメントサイドが現場に関与できるように組織づくりを行います。

データマネジメントはどこを目指せばよいのか？

データマネジメントの成熟度は5段階あり（図3.3.2）、多くの企業はレベル1の「場当たり的」のステージにいます。

データマネジメントの導入検討を行っていると、レベル3～レベル5を一気に目指そうと考え、データマネジメント施策を検討した結果、逆にやることが多すぎて手が付けられなくなった、という話をよく耳にします。

このことから、まずは領域を絞って確実に成果が出る「レベル2」を目指すようにアドバイスしています。

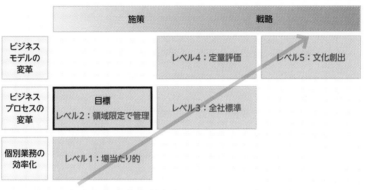

● 図3.3.2　データマネジメントの成熟度

データウェアハウス、データマート、データレイクの違い

　データを格納、提供する仕組みとして、データマート、データウェアハウス、データレイクがあります。三者の違いとそれぞれの特徴は次の通りです。データを格納、提供する目的に応じて使い分けてください。

◆ データウェアハウス（Data WareHouse：DWH）

　ウェアハウス（WareHouse）は倉庫を意味しますが、データウェアハウスは、大規模倉庫をイメージするとわかりやすいです。すべての組織のデータを時系列に格納しており、あらゆるデータを提供します。

◆ データマート（Data Mart）

　マート（Mart）は小売店を意味しますが、特定地域に根差して地域の特性に応じた品揃えで商品を提供する、イメージを持ってもらうとわかりやすいです。データマートは、データウェアハウスと比べると格納するデータは限定的であり、特定組織をターゲットに比較的小規模にデータを提供する仕組みです。なぜデータマートが必要かというと、データウェアハウスは、データが大量過ぎる、不特定多数がアクセスしており、同時に操作するとレスポンスが悪くなるなど、大き過ぎるがゆえの弊害があるからです。

　データマートには、データウェアハウスから、自分たちが必要とするデータをコピーし、特定のメンバーが好き勝手に操作できるというハンドリングの良さがあります。一方、データウェアハウスに比べ、導入が容易なため、組織単位の導入が横行するとデータマート間の不整合が起きるなどの弊害があります。

◆ データレイク（Data Lake）

　レイク（Lake）は湖を意味します。データレイクは、データが発生したままの状態で湖を泳いでいるイメージです。データウェアハウスは基幹システムなどから発生した構造化データを対象としますが、データレイクは画像やテキスト、音声などのデータを構造化することなく元のデータ形式のまま格納し、提供します。クラウドにある写真やメッセージなどをイメージしてもらうとわかりやすいです。

第4章

データマネジメント 組織設計

第3章では、データマネジメント組織づくりの「施策策定」について見てきました。

第4章では、データマネジメント施策に基づく「組織設計」について解説します。

組織設計は大きく「指針策定」と「構造設計」に分けられます。指針策定はプリンシプル・ポリシー・ミッション・ゴールを決め、構造設計は体制・役割・プロセスを決めていきます。

データマネジメント組織設計の概観を理解する

■ データマネジメント組織設計を一言で説明するなら

データマネジメント組織設計とは、データマネジメント施策が達成されるように、組織としての**プリンシプル・ミッション・ゴール・ポリシーを定め、体制・役割・プロセスを設計**し、構成員が同じゴールを目指して活動できる仕組みをつくることです。

■ 用語を理解する

プリンシプル、ミッション、ゴール、ポリシーという言葉は、普段あまり使わない用語で、曖昧な言葉だと思います。そこで本書では、それぞれの意味を次のように定めます。

◆ プリンシプル

プリンシプルとは、**基本的な真理**であり、物事を考える上での土台です。ゴールに到達するための最短ルートを示す**根源となる法則**であり、**ルールを策定する上での指針**でもあります。

例えば、「データはつくられると同時に劣化が始まるため、適切な管理が必要である」は、データを扱う以上否定できない真理であるため、プリンシプルとして扱います。

◆ ミッションとゴール

ミッションは、ビジネス施策を達成するために、複数あるデータマネジメント施策の候補から、今回のデータマネジメント施策を選んだ**理由**を示したものとします。ゴールはデータマネジメント施策が達成した**着地点**の状態を定性的・定量的に示したものです。

例えば「データ活用者を増やしたい」というビジネス施策があった場合、データマネジメント施策の候補は「メタデータを提供する」「データ品質を向上

させて使いやすくする」「教育環境を整える」が挙がったとします。

　データ活用者が増えない原因を調べたところ、データの意味が分からず、意味を調べるのに時間を要してしまい、データ活用を能動的に行える状態になかったことがわかりました。

　これらを「データマネジメント施策・ミッション・ゴール」に当てはめると、データマネジメント施策は「メタデータを提供する」、ミッションは「データの意味を分かるようにするため」、ゴールは「メタデータを使って効率良くデータ活用を行っている」となります。

◆ ポリシー

　原点（＝現状）から見たゴールに到達するための大まかな**方向性**を示したものです。対外向けにはデータマネジメント活動の**方針**にもなります。

　例えば、現状はデータ品質が悪く、データ品質を改善することがゴールだとした場合、ポリシーは「意思決定や業務に支障をきたすようなデータ品質の劣化を防止する」と設定します。

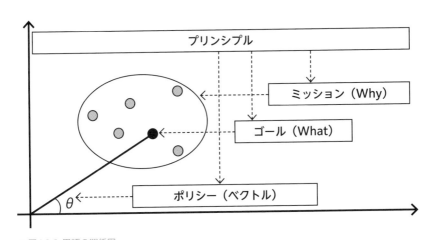

● 図4.1.1 用語の関係図

データマネジメント組織設計の5ステップを理解する

■ データマネジメント組織設計の5ステップ

データマネジメント組織設計には、次の5つのステップがあります。

◆ ステップ1：プリンシプル策定

DMBOK2の11の各知識領域の章のはじめにある「ビジネス上の意義」の記載内容をもとに、自社のデータマネジメント施策を考える上での拠り所となる考え方を抽出し、プリンシプル（＝原則）とします。

◆ ステップ2：ポリシー策定

データマネジメント施策一覧の施策内容をDMBOK2の11の知識領域ごとに要約し、**対外向けに発信する言葉**に置き換えます。

◆ ステップ3：ゴール・ミッション策定

データマネジメント施策内容を**ゴール表現（〜している）**にして、**KPIはそのまま数値目標**として使います。

また、**データマネジメント施策を選択した理由**を、ミッションとします。

◆ ステップ4：体制・役割策定

EDM・PDCAが回せるように**データガバナンス委員会とデータマネジメント組織を分けて設置**し、**役割を定義**します。

◆ ステップ5：プロセス策定

EDM・PDCAとゴール・ミッションに基づいて、**自社のデータガバナンス機能とデータマネジメント機能**を定義します。

また、データ開発プロセスを既存の**システム開発の標準プロセス**に組み込みます。

■ 5つの成果物

データマネジメント組織設計を行うと、次に挙げる5つの成果物ができます。詳しく見ていきましょう。

◆ その1：プリンシプル一覧

DMBOK2の11の知識領域のビジネス上の意義から自社のこれからのデータマネジメント活動に関係しそうな内容を選別して、プリンシプル一覧を作成します。

プリンシプルの数は10個程度になるように調整しましょう。

Point!　成果物で伝えたいこと

ポリシー・ミッション・ゴールやガイドライン・ルールを策定するにあたっての拠り所になるように「データのあるべき姿」を伝えます。

＜サンプル：DMBOK2のビジネス上の意義より筆者らが原則を策定＞
原則1：データは業務とシステムの橋渡しである（データアーキテクチャ）
原則2：データは重複させない（データモデリング）
原則3：事業を停止させないようにデータの運用を決める（データストレージ）
原則4：データにはセキュリティが不可欠である（データセキュリティ）
原則5：全体最適でデータの移動を設計する（データインテグレーション）
原則6：非定型データも管理する（ドキュメント＆コンテンツ）
原則7：データには共通の語彙がある（マスタデータ）
原則8：データには簡便にアクセスできる（データウェアハウジング）
原則9：データには定義がある（メタデータ）
原則10：データは劣化するため、品質管理を必要とする（データクオリティ）
原則11：データは貴重な資産であり管理者を必要とする（ガバナンス）

これ以外にも、筆者らの経験上、次のような原則もあります。

原則12：データは企業全体でシェアされる

原則13：データ品質が利用目的に合っている

原則14：データが信頼できる

原則15：データマネジメントは、皆の務めである

原則16：意思決定によりデータの利益は最大化する

原則17：データによるビジネスチャンスを見つけて行動に移す

原則18：法律や規制に従ってデータを取り扱う

◆ その2：ポリシー一覧

　ポリシー一覧では、データマネジメント活動の方向性と方針を関係者に伝えて、ベクトルを合わせることを意識します。

　また、データマネジメント施策一覧の施策内容をDMBOK2の11の知識領域ごとに要約し、対外向けに発信する言葉に置き換えます。

Point! 成果物で伝えたいこと

データマネジメント活動が「どこに向かっているのか」を伝えます。

　筆者らが策定したポリシーの一部をご紹介します。

　＜サンプル：ポリシーの一部＞

　ポリシー1：個別業務に偏ったデータ提供ではなく、全社的な視点で標準化されたデータを提供する（データアーキテクチャ）

　ポリシー2：同じ意味のデータは1箇所で管理し、複数箇所で管理する場合はデータの整合性を保証する（データモデリング）

　ポリシー3：バケツリレーと未標準のデータ流通をさせない（データインテグレーション）

　ポリシー4：業務システムの変化に追随できるデータ活用基盤を実現する（データウェアハウジング）

　ポリシー5：データの更新・参照権限をコントロールする（データセキュリティ）

◆ その3：ミッション・ゴール一覧

　ミッション・ゴール一覧を作成します。ミッションとしては、数あるデータマネジメント施策の候補から今回の施策を選定した理由を記入します。ゴールとしては、データマネジメント施策の実施を通して到達したい姿を表す言葉（〜している）で記載します。

Point!　成果物で伝えたいこと

データマネジメント施策の「実施理由とゴール」を伝えます。

　サンプルとして筆者らが策定したミッション・ゴールの一部をご紹介します（表4.2.1）。

■ 表4.2.1　ミッション・ゴール一覧（サンプル）

データマネジメント施策	ミッション	ゴール・KPI（数値目標）
社員全員が他部門のデータを自由に使ってデータ活用ができるようにデータ活用基盤を構築する	各部門から他部門のデータを活用したいというニーズが挙がっているため	データ活用基盤が構築され、データ活用者のデータアクセス頻度が施策適用前よりも10%向上している
データ活用が効率良くできるように、データ辞書を提供する	データ項目の意味がわからないことから、調査工数が増加しているため	データ辞書が構築され、データ活用者の調査工数が施策適用前よりも80%削減している
データ活用ノウハウを蓄積し、組織全体のスキル向上を図る	経営サイドから、データに基づく意思決定ができる人材を育てるように指令が下り、データ活用ノウハウを共有する必要性が出たため	データ活用のナレッジデータベースのアクセスが増加傾向にあり、1本/月のペースでデータ活用ノウハウを蓄積している

◆ その4：体制図・役割一覧

　データガバナンス委員会はEDMの循環と業務横断の調整に徹し、データマネジメントチームはPDCAの循環と業務横断のデータマネジメントテーマを連携します。それを実現できるように体制と役割を組みます。

Point!　成果物で伝えたいこと

データガバナンス委員会は企業に1つであり、データマネジメントチームはデータマネジメントテーマに応じてつくられることを伝えます。

ここで、初期段階の体制の決め方について説明しておきます。図4.2.1のように、データガバナンス委員会にチーフデータオフィサー（CDO）とチーフデータアーキテクト（CDA）を配置し、データマネジメントチームにデータオーナー（DO）、データスチュワード（DSt）、データアーキテクト（DA）を配置します。CDOやCDAなどの役割については、**6.12（RULE44）**の「表6.12.1　データ活用の役割」で示しているので、そちらをご覧ください。

　データプレッパー、データインテグレーター、データクオリティスト、データセキュリティストの設置については、データマネジメント活動の成熟度に合わせて検討してください。初期段階はデータアーキテクトに任せましょう。CDAも初期段階では適任者がいないため、CDOに全体を見てもらうようにしましょう。

　データマネジメントチームの配置は、図4.2.1のように業務領域ごとに行うのが理想です。しかし、初期段階ではリソースが潤沢ではありませんので、全体を見る共通マネジメントチームにします。

　データオーナーはロードマップの進行に合わせて、必要なデータオーナーを都度アサインします。データオーナーは業務の内容上、業務部門の部門長になることが多いため、データマネジメントチームとは兼任です。

　実務では、データスチュワードがデータ要件を取りまとめて、最終確認の際にデータオーナーである業務部門長にデータの持ち主であることを自覚させます。

Point!　初期段階の体制は小さく

CDOとDStとDAの3人〜5人の体制で始めましょう！

　それぞれの役割の職務については、次の内容を参考に「シンプル」に理解しましょう。

- CDO：経営戦略に基づくデータ戦略策定者でガバナンス委員会の責任者
- CDA：全体設計（組織・データ構造・ルールなどすべて）の責任者
- DO　：自部門の業務データに責任を持つ人
- DSt　：データ要件を定義する人であり、現場の調整役でもある
- DA　：データ構造やデータ定義を直接現場にガバナンスを利かせる人

　それぞれの役割を流れで説明すると、CDOは戦略を考え、CDAが戦略に合わせて全体をデザインします。戦略と全体デザインのもとDAは現場を監督し、DStが現場の様々なことを調整し、DOにデータ仕様の決定と責任をもってもらうようにします。

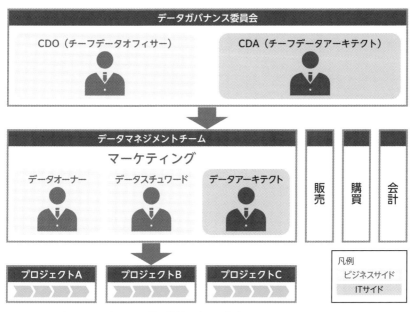

● 図4.2.1　データマネジメント組織の体制図（サンプル）

◆　その5：プロセスモデル

　プロセスモデルは、**2.5（RULE10）** で解説したEDM・PDCAの一般的な機能をそのまま使っても良いですが、可能であればデータマネジメント施策に基づくゴール・ミッションから少し具体的に書いて、関係者がイメージできるようにします。

　また、図4.2.2のように、データ開発におけるデータマネジメント部門のプロセスを策定し、既存のシステム開発プロセスに組み込むようにもっていきます。なお、データ開発における注意点は次項で別途説明します。

Point! 成果物で伝えたいこと

データマネジメントが「どのタイミングで関与するか」を伝えます。

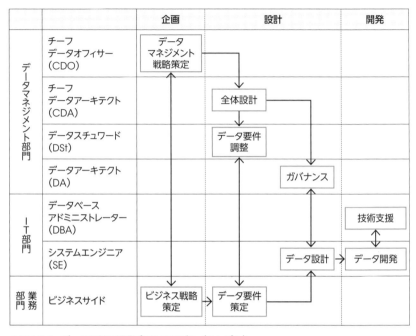

		企画	設計	開発
データマネジメント部門	チーフ データオフィサー (CDO)	データ マネジメント 戦略策定		
	チーフ データアーキテクト (CDA)		全体設計	
	データスチュワード (DSt)		データ要件 調整	
	データアーキテクト (DA)			ガバナンス
IT部門	データベース アドミニストレーター (DBA)			技術支援
	システムエンジニア (SE)			データ設計 → データ開発
業務部門	ビジネスサイド	ビジネス戦略 策定 →	データ要件 策定	

● 図4.2.2　データ開発の標準プロセスモデル（サンプル）

■ データ開発プロセスの注意点

**データガバナンスが成功するか否かは、データ開発でいかにレビューに関わ
れる**かで決まります。

　データ開発では、データ構造とデータ定義（意味定義、型・桁の設定、コ
ード設計、冗長項目の排除、セキュリティ項目の設定、データ制約の設定な
ど）を決めます。つまりデータ開発は、**データが資産になるのか負債になる
のかを決める重要なプロセス**です。

　データ開発をシステム開発標準のプロセスに組み込むだけでは足りません。
システム開発標準を無視したシステム開発が行われているかもしれませんの
で、IT部門に確認してシステム開発標準を守らせるようにもっていく必要が

あります。

　しかし、多くの企業ではデータ開発のレビュを**ベンダーに任せていたり**、データ開発の標準をプロジェクトごとに作成していたりします。そもそも**システム開発標準をもっていない**という企業もあるようです。

　そこで、**レビュ承認プロセス**にDAによるレビュを組み込んでもらうようにします。CDOはCIOに相談し、**データ活用基盤に関わるプロジェクトはすべて「DAのレビュで許可がおりないと次の工程には進ませない」というルールをつくる**のです。

　このルールがあることで、システム開発の遅延が懸念されますが、低品質なデータによって、データ駆動型経営へのシフトが遅れるリスクのほうが問題であると経営者や部門長に**自覚**していただき、**覚悟**をもってレビュルールを取り入れるのが成功の近道です。

　もちろん、どうしても前に進めなければならないケースも出てきます。その場合は、あとでリカバリできることを前提に**CIO、PMとボールを握って**、コストをかけても対応するルールを取り入れるよう、仕組みで対応してください。

COLUMN

立法・行政・司法の考え方

　よくデータガバナンスには、データマネジメントに関する「立法」「行政」「司法」の機能があるといわれます（国の「ガバナンス」になぞらえた喩えです）。

　この考え方をもとにデータガバナンスの機能を見ていくと、次のようになります。

- 立法：データマネジメントにおける考え方や体制、ルール等を定める
- 行政：データマネジメント実施の指揮を執る＆実行結果に責任を負う
- 司法：データマネジメントに関する課題の管理＆報告を行う

　上記を踏まえて少し詳しく説明すると、データガバナンスとは、データマネジメント活動が、あらかじめ決めたルールどおりに行われているかしっかりと監督し、円滑な実行をサポートすることだといえます。

RULE10のガバナンスとマネジメントの分離の補足

2.5のRULE10で「データガバナンスは、あくまでデータマネジメントの実行を監督・サポートするものであり、データマネジメントそのものではない」と述べました。

この考え方は、**組織づくりに欠かせない重要なポイント**なので、ここで具体例を挙げて補足します。

例えば、基幹系システムの開発を行うとします。システム開発においては、システムで扱うデータを設計したり、それらのデータの意味を定義したり、他システムとのI/F（インターフェース）を設計したりと、データに関わる様々な活動が出てきます。データガバナンスは、それらシステム開発中のデータ設計を行うというわけではありません。**データガバナンスの仕事は、システム開発で作成されるデータに関する全社ルール（ネーミングルールやデータモデリング手順など）の作成や、成果物のレビュがルールに基づき適切に行われるよう監督すること**です。

システム開発だけでなく、もっと日常的な活動についても考えてみましょう。データマネジメントの一環として、システムの利用者が登録するデータが正しいかどうかや、データに社内外からの不正なアクセスがないか監視されます。これに対するデータガバナンスの役割としては、それらの監視がルールに基づき適切に行われるよう監督し、問題が見つかったら是正を求めることが挙げられます。

以上のように、データガバナンス（監督側）とデータマネジメント（実行側）は分離されます。**データガバナンスとデータマネジメントが分離することによって、プロジェクトや事業を横断した全社最適のルールづくりや、それに基づいた中立的な判断が可能**になります。

第 5 章

データマネジメント
ガイドライン策定

第4章では、データマネジメント組織づくりの「組織
設計」について見てきました。

第5章では、ガバナンスを利かせるために必要な「ガ
イドライン」について解説します。

ガイドラインにはDMBOK2のガバナンスを除く10の
知識領域（マネジメント領域）ごとに作成し、それぞ
れ「守るべきこと」「守るべきもの」「チェックするこ
と」を書きます。

スモールスタートの考え方では、データマネジメント
施策がある知識領域のみ書きます。

5.1
RULE
22 ガイドライン策定の概観を理解する

■ ガイドライン策定を一言で説明するなら

　ガイドライン策定とは、全社員にガバナンスを利かせて、データマネジメント施策が達成されるように、「守るべきこと」、「守るべきもの」、「チェックすること」を決めることです。

■ フレームワークを使う

　フレームワークとは、**物事を決める標準的な枠組み**のことです。表5.1.1はマスタデータマネジメントのガバナンスで使う共通コードを例に、データマネジメント施策とガイドラインを記述したものです。

■ 表5.1.1　ガイドライン策定のフレームワーク

施策と効果

実施したいこと（施策内容）	コード変換を最小化し、業務領域を跨いだ広い範囲での共有を図る
期待される効果（ゴール）	コード変換コスト30%削減 データ活用のコミュニケーションの質

実施内容

守るべきこと	共通コードを使用すべきところでは、共通コードを使用する 共通コードと似て非なるコードを作らない Ex）顧客を識別する際は、全社で取り決めた顧客コードを使用する
守るべきもの	共通コード一覧表 共通コード定義書
チェックすること	共通コードを使用すべきところでローカルコードが使用されていないか 共通コードの定義（意味・桁数・型・コード体系・発番ルール）と整合しているか

　施策と効果は、簡単にでも書いておくことをお勧めします。
　「守るべきこと」にはルールを、「守るべきもの」にはドキュメント名を、「チェックすること」にはドキュメント内容のどこを見てチェックするのか、ということを記述します。

■ ガイドライン策定の本質を理解する

筆者らの経験から、書くべきことをはじめに決めずガイドラインを策定しようとすると、データマネジメントの目的や組織としての活動内容、申請・承認プロセス、成果物の作成手順など、何でも書いてしまいがちで、**本当に伝えたいことは何だったのかわからなくなってしまう**ことがわかりました。

確かに成果物を作成する手順書、申請・承認プロセスは、大きく見れば全てHow（方法）について書いています。**Howを示すこともガバナンスを効かせるうえでは重要な役割**を担います。

しかし、**ガイドラインの本質は、ガバナンスを利かせるためのルールを策定すること**です。ルールがあるからこそ、守らせるための方法や達成基準となるチェック方法が定まります。この過程の中で、**必要に応じて成果物の作成手順やプロセスモデルの詳細化**を図ります。重要なプロセスモデルはすでにデータ開発のプロセスモデルとして書き上げているので、それ以外で必要なケースが出てきたら書くようにしましょう。

Point!　ガイドライン策定で大事にすること

ガイドラインを策定するにあたり、最低限必要なのは「守るべきこと」「守るべきもの」「チェックすること」です。

以降の**5.2（RULE23）～5.11（RULE32）**では、各知識領域における「守るべきこと」「守るべきもの」「チェックすること」を**シンプル**に解説します。

シンプルにすることで、肝の部分が理解できると考えています。

データアーキテクチャを
シンプルに考える

■ エンタープライズレベルのアーキテクチャが守られているか

データアーキテクチャのガバナンスとはすなわち、エンタープライズレベルの抽象度で、守ってほしい「データ配置※・データ構造・データオーナー」をプロジェクトサイドで守ってもらうことです。

■ 表5.2.1　実施内容（データアーキテクチャ）

守るべきこと	・エンタープライズデータモデルで示したデータ配置を守ること ・エンタープライズデータモデルで示したデータ構造を守ること ・サブジェクトエリアモデルで示したデータオーナーを守ること
守るべきもの	・データ配置・構造はエンタープライズデータモデル ・データオーナーはサブジェクトエリアモデル
チェックすること	・プロジェクト作成のデータモデルの配置と構造がエンタープライズデータモデルと合っているか確認する ・プロジェクト作成のエンティティ※がサブジェクトエリアのエンティティ（＝データオーナー）と合っているか確認する

Point!　チェック内容の意図

エンタープライズデータモデルは、企業が目指すゴールのビジョンです。「エンタープライズデータモデル」では、ゴールに到達するために守らせたい意思がデータ配置とデータ構造に込められています。

また、サブジェクトエリアモデルは、データの管理責任者をビジュアルで示しています。サブジェクトエリアモデルでは、主要なエンティティしか載せないことで可読性を上げて、チェックする際の地図としての役割をもたせます。

※「データ配置」、「エンティティ」の意味については第10章参照してください。

アーキテクチャとは

最近、「アーキテクチャ」という言葉が一般的になってきました。

アーキテクチャとは、元々は建築学、建築様式、建築物、構造を意味する英語（architecture）です。この単語には、「建築物の設計思想」という意味も含まれます。

情報システムの世界では、情報システムをバーチャル空間の建築物として捉え、情報システムをどのような設計思想、システム構成で構築するかを、アーキテクチャと呼ぶようになりました。

アーキテクチャは見る者の視点によって変わってくるため、一概に定義するのは難しいものがあります。しかし、2004年に経済産業省が独自のEA（Enterprise Architecture）を導入したことから、日本ではこの経産省EAが一般的となりました。

経産省EAは、図5.2.1のように4つの体系（アーキテクチャ）から構成されています。

EAを設計するうえで大事なポイントは、「全体最適化」を指向することです。個々のアーキテクチャ内を最適にするのと同時に、EA全体を最適にすることで、全体の調和を保つことができるのです。この考え方は現在も情報システム開発の現場で、脈々と受け継がれています。

なお、グローバルで有名なアーキテクチャの考え方に、「ザックマンフレームワーク」というものがあります。

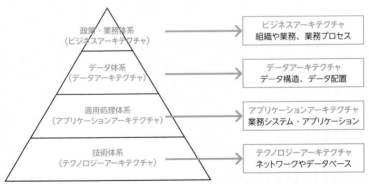

出典）「Enterprise Architectureについて～これからのITガバナンスと情報サービス産業～」（経済産業省）

● 図5.2.1　経産省EAと各アーキテクチャの対象

データモデリングとデザインを シンプルに考える

■ データモデル・データ定義の作成ルールが守られているか

データモデリングとデザインのガバナンスとはすなわち、全社ルールとして定めた「データモデルの作法・データ定義の作成要綱」をプロジェクトサイドで守ってもらうことです。

■ 表5.3.1　実施内容（データモデリングとデザイン）

守るべきこと	・概念データモデルは業務視点に基づいて設計し、システム視点は含めてはならないこと ・論理データモデルはシステム都合によるモデル変換を許容するが、概念データモデルを前提にすること ・物理データモデルは製品都合によりモデル変換を許容するが、論理データモデルを前提にすること ・パフォーマンスを考慮したモデル変換は論理データモデルで行うこと
守るべきもの	・データモデル作法ガイドライン ・データ定義作成要綱ガイドライン
チェックすること	・プロジェクト作成のデータモデルが概念・論理・物理を混在して作成されていないか確認する ・データの One fact in One place を守られているか確認する ・データ定義の文章が記入要綱に従って書かれているか確認する（特に意味説明、管理範囲、管理粒度は厳しくチェックする）

Point!　チェック内容の意図

品質の高いデータモデルはデータが One fact in One place になっています。要するに同じ意味を持つデータが複数のシステムでつくられていないということです。

また、属人的に作成されたデータモデル・データ定義は可読性が悪く、データ活用の生産性を下げる問題点を抱えています。

このことから、ガイドラインに従って作成する必要があります。

システム開発では、概念→論理→物理の順にデータモデルを作成するのが一般的です。概念は業務視点、論理はシステム視点、物理は製品視点といわれています。

また、ウォータフォールのシステム開発に照らし合わせると、概念は企画・要件定義工程、論理はシステム設計工程、物理は製造工程に対応します。

■ 表5.3.2　システム開発の工程とデータモデルの関係

工程 データモデル	企画・要件定義	システム設計	製造
概念	○		
論理		○	
物理			○

　一般的に物理データモデルは、構造図、テーブル定義、インデックス設計、ユーザー権限設計、表領域設計、DDL生成などを含みますが、ここでは構造図とテーブル定義についてのみ書いています。

25 データストレージとオペレーションをシンプルに考える

■ 物理設計の作成ルールが守られているか

データストレージとオペレーションのガバナンスとはすなわち、全社ルールとして定めた「物理設計の作成要綱」をプロジェクトサイドで守ってもらうことです。

なお、物理設計のルールはデータベース製品の知識が必要なことから、IT部門に所属しているデータベース管理者（データベースアドミニストレータ、DBA）に策定してもらうことが一般的です。

■ 表5.4.1　実施内容（データストレージとオペレーション）

守るべきこと	・DBAが定める物理設計の各種基準を満たすこと
守るべきもの	・DBMS選定基準、クラウドサービス選定基準 ・業務データの増加率、バックアップリカバリ標準、パフォーマンス基準 ・BCP、SLA
チェックすること	・プロジェクト作成の物理設計（＝DBMSの設計）が守るべきもので定めた基準を満たしているか確認する

Point!　チェック内容の意図

システムの安定稼働を考えると、基準を設けモニタリングし、業務に支障が出ないようにガバナンスを効かせる必要があります。

システムトラブルによって、社会問題に発展することもあるため、IT部門と協力してマネジメントできるようにします。

データセキュリティを
シンプルに考える

■ 権限付与のルールが守られているか

　データセキュリティのガバナンスとはすなわち、全社ルールとして定めた「データアクセス権の設定要綱」をプロジェクトサイドで守ってもらうことです。

　なお、セキュリティのルールは専門の知識が必要なことから、セキュリティの専門家や法務部門に検討してもらい、大枠（方針や権限を決める前提となるルールなど）を策定してもらうことが一般的です。

■ 表5.5.1　実施内容（データセキュリティ）

守るべきこと	・セキュリティ管理項目に該当するデータ項目は必ずデータアクセス権を設定すること
守るべきもの	・データアクセス権の設定要綱ガイドライン
チェックすること	・プロジェクト作成のデータ項目がセキュリティ管理対象項目に該当していないかチェックし、該当していた場合のアクセス権が間違っていないか確認する

Point!　チェック内容の意図

データアクセス権のガイドラインには、個人情報、機密情報などの機微な情報をセキュリティ管理項目として定義し、役割、部署によってアクセスできるレベル（参照、更新、マスキングなど）を定めます。これにより、全社で守るべきルールが明文化されます。プロジェクトサイドは、ルールがあることで全社レベルのセキュリティ要件を個別に考える必要がなくなるため、データ開発の生産性を高めることが可能になります。

データ統合と相互運用性をシンプルに考える

■ データHUBを経由するルールが守られているか

データ統合と相互運用性のガバナンスとはすなわち、全社ルールとして定めた「データHUBによるデータ連携要綱」をプロジェクトサイドで守ってもらうことです。

データ統合＆相互運用性は、平たく言えばシステム間インターフェースの標準化です。あるべき姿はデータHUBです（**8.3のRULE56参照**）。このことから、本書におけるデータ統合と相互運用性は、データHUBが構築されていることを前提に書いています。

■ 表5.6.1　実施内容（データ統合と相互運用性）

守るべきこと	・システム間インターフェースは必ずデータHUBを経由させて、データHUBを経由しないシステム間インターフェースをつくらせないようにすること
守るべきもの	・データHUBによるデータ連携要綱ガイドライン
チェックすること	・プロジェクト作成のデータ連携がデータHUBを経由して設計されていることを確認する ・プロジェクト作成のデータ連携はデータ発生源のシステムから連携するようになっていることを確認する（バケツリレーの禁止）

Point!　チェック内容の意図

データ連携のルールはデータHUBを経由することを明記します。

個別システム同士のデータ連携を禁止し、複数システムを跨いだバケツリレーによるデータ連携をさせないようにします。これにより、データのスパゲッティ化（8.1のRULE54参照）を防ぐことができます。

5.7
RULE 28 ドキュメントとコンテンツ管理をシンプルに考える

■ タグと分類が管理できているか

ドキュメント管理のガバナンスとはすなわち、ドキュメントが管理できるように分類軸を定め、格納場所を決め、個人の裁量で自由に格納場所を作らないように守ってもらうことです。ここでいうドキュメントとは、契約書、納品書、請求書といった業務を回す上で重要な書類を指します。

コンテンツ管理のガバナンスとはすなわち、コンテンツが管理できるように標準的なタグを定め、個人の裁量で自由にタグを作らないように守ってもらうことです。センサー・画像・動画などのコンテンツ検索がしやすくなるようにタグ付けを行います。

■ 表5.7.1　実施内容（ドキュメントとコンテンツ管理）

守るべきこと	・ドキュメントは所定の場所に格納すること ・コンテンツは標準タグを適用すること
守るべきもの	・ドキュメント分類一覧 ・標準タグ一覧
チェックすること	・対象ドキュメントは所定の場所に格納されていることをチェックする ・コンテンツのタグに標準タグが設定されていることをチェックする

Point!　チェック内容の意図

ドキュメントについては、ドキュメントが所定の場所に格納されることで、重要なドキュメントの紛失や、欲しいときにすぐに取り出せないといった問題を防ぐことができます。

タグについては、タグが無造作に作成されることによる検索効率の低下を防ぐことができます。

参照データとマスタデータを
シンプルに考える

■ 共通コードが適切な箇所で使われているか

　参照データとマスタデータのガバナンスとはすなわち、共通マスタデータの共通コードが使われるべき箇所で使われるようにすることです。

■ 表5.8.1　実施内容（参照データとマスタデータ）

守るべきこと	・共通コードを使用すべきところでは、共通コードを使用し、共通コードと似て非なるコードをつくらせないようにすること
守るべきもの	・共通コード一覧表 ・共通コード定義書
チェックすること	・共通コードを使用すべきところでローカルコードが使用されていないか確認する ・共通コードの定義（意味・桁数・型・コード体系・発番ルール）と整合しているか確認する

Point!　チェック内容の意図

共通マスタデータとは、企業全体で管理するマスタデータのことです。共通コードがあることで、各業務部門が同じコード値を使ってコミュニケーションができるようになります。

例えば、マーケティング部門と営業部門で同一顧客かどうかを識別するために同じコード値を使って会話すればコミュニケーションの質が向上します。

このことから、共通コードを使用すべきところで使用しているか確認する必要があります。

詳しくは、第7章を参照ください。

データウェアハウスを
シンプルに考える

■ 類似データマートやダークデータをつくっていないか

データウェアハウスのガバナンスとはすなわち、データ分析の基本でもあるアウトプットからの考察（**6.2のRULE34**参照）をできるようにすることです。

データ開発者は、情報要求定義書にて目的を明確にし、要約分析表を使って欲しいデータを整理します。これにより、用途不明な分析データの乱立を防止します。

なお、データウェアハウスのガバナンスの補足として、後述の「COLUMN：データマートのガバナンスに使える要約分析表とは」も合わせてご確認ください。

■ 表5.9.1　実施内容（データウェアハウス）

守るべきこと	・アウトプットから必要なインプットデータを探索すること
守るべきもの	・情報要求定義書 ・要約分析表
チェックすること	・データ分析で使うデータが、どのような仮説に基づいて必要としているのかチェックする ・データ分析で使うデータの分析軸や集計値、集計元のデータが明確になっていることをチェックする

Point!　チェック内容の意図

インプット中心のデータ活用（6.2のRULE34参照）が促進されると、使われない分析データが乱立する可能性があることから、仮説検証に基づくデータ活用ができていることをチェックします。

5.10
RULE
31　メタデータをガバナンスする

■ データカタログで何を管理するのか

　メタデータのガバナンスとはすなわち、データ活用推進に必要な情報がすべて洗い出されているか確認することです。

　基本的にはビジネスメタデータ、アプリケーションメタデータ、セキュリティメタデータ、品質メタデータの4種類を対象にデータカタログの情報要求を検討します。データカタログの意味は、第9章をご参照ください。

■ 表5.10.1　実施内容（メタデータ）

守るべきこと	・4種類（ビジネス・アプリケーション・セキュリティ・品質）の観点で、データカタログの情報要求を検討していること
守るべきもの	・メタデータ構造図 ・データカタログ要件定義書
チェックすること	・プロジェクト作成のメタデータの要件が4つの観点で検討されていることをチェックし、全社のデータ活用要件にマッチしたメタデータについては、全社メタデータ要件として定義しているかチェックする

Point!　チェック内容の意図

メタデータの要件定義も通常の業務データの要件定義と同じように行います。メタデータの場合、データ活用者のニーズや課題から情報要求を引き出し、要件定義にまとめていきます。データ活用に必要なメタデータの種類は、ビジネスメタデータ、アプリケーションメタデータ、セキュリティメタデータ、品質メタデータとなるため、この4つの観点で検討すれば要件の網羅性が担保できるということになります。

32 データ品質をガバナンスする

■ データ構造・データ定義・値の品質が劣化していないか

データ品質のガバナンスとはすなわち、データモデルとデータ定義が業務と乖離していないか、実データの値がデータ定義と乖離していないか確認することです。

データモデルとデータ定義はデータモデリングとデザインで担保するため、ここでは値についてガバナンスします。

■ 表5.11.1　実施内容（データ品質）

守るべきこと	・実データの値の品質を守ること
守るべきもの	・データ定義
チェックすること	・プロジェクト作成のデータ定義と実データの値に乖離がないか確認する

Point!　チェック内容の意図

データ定義のうち、値のチェックに必要な要素はデータ制約です。データ制約とは、「データベースのあるべき状態」であり、逆の見方をすると「データベースのあってはならない状態」といえます。なお、ここでいうデータベースとは、概念的なデータベースを意味します。平たくいえば、現実世界におけるデータのふさわしいあり方を記述したものを制約といいます。

例えば、山田太郎さんを社員マスタに登録するにあたり、入社年を1893年と入力しても登録されないように制御するための振る舞いを記述したものがデータ制約です。このようにデータ制約を見れば、本来あるべき状態がわかるため、これを使ってデータ品質を担保するということになります。

データマートのガバナンスに使える要約分析表とは

データマートのガバナンスは類似データマートをいかにつくらないかです。そのためには、どのような指標が何の目的でつくられているかがわからないといけません。これに応えるのが図5.11.1の**情報要求定義書**です。

情報要求定義書の目的を見て、似たような類似データマートがないか確認します。

類似データマートかどうかを判断するためには、分析軸（集計軸）と分析要素（集計結果）を確認する必要があります。

全体を網羅的に見る必要があるため、マトリクス形式の表にして、指標×分析軸・分析要素の対応関係がわかるようにします。この資料を**要約分析表**といいます。

データアーキテクトは、データガバナンス実行時に「情報要求定義書」と「要約分析表」を見て、類似データマートをつくらせないようにチェックします。

データモデルについても触れておきます。**データモデル**はデータマートのデータ開発時に、どの業務データを使うか確認する際に使います。

データモデリングとデザインのガバナンス領域なので、データウェアハウスのガバナンスには含めていませんが、データ活用基盤のデータ開発であれば、データウェアハウスに含めても問題ありません。

情報要求定義書

#	指標名	目的	オーナー	頻度	評価単位	計算式	データ分析手法	分析者
001	市場別販売部門部門別販売実績数量	利益増減分析での販売要因を把握するため、売上高とともに、月一回実績確定したタイミングで会社全体の情報が市場別販売部門に集計された販売実績データを確認する	経営メンバー	月一回	数量	販売実績数量の合計	ドリルダウンし、マトリックス表として表示する。利益地域分析の販売数量要因の差異分析グラフ（●チャート）とする。	経営企画部○○
002								
003								
004								

データモデル

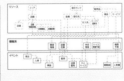

要約分析表

● 図5.11.1　データマートの守るべきもの

データ活用基盤以外のデータマネジメント

　本書では、データ活用基盤に対するデータガバナンス・データマネジメントの組織づくりや施策について解説してきました。その理由は、第1章で解説したとおり、全社レベルでのデータ活用が求められるようになったからです。データ活用基盤を守るためのデータガバナンスとデータマネジメントがフォーカスされているのです。

　しかし、**本来はデータ活用基盤だけではなく、企業が扱っているすべてのデータに対してデータガバナンスを適用し、データマネジメントを行わなくてはなりません。**つまり、従来からある基幹系システムの開発においても、データマネジメントを行う必要があります。

　基幹系システムの場合、保守フェーズでのデータ構造を見直したり、データ定義を改訂したりといった活動は、予算の都合上厳しいので、実施しない企業がほとんどです。そこで、多くの企業では基幹系システムの再構築のタイミングを狙って、データマネジメントを取り入れます。

　基幹系システムのデータマネジメントは、主にデータ開発です。データモデリングとデータ定義を要件定義に組み込んで、レビュプロセスを開発標準に組み込ませます。**必ず、データアーキテクトのレビュを通さないと次工程に進ませないという強いルールをつくり、**システム開発プロジェクト都合による妥協を起こさせないようにします。

　基幹系システムでは、似たような意味を持つデータをいかにつくらせないかがポイントなので、データ項目名や意味定義も慎重に見ていきます。ここがうまくいかないと、データカタログ開発にも影響します。

　データ項目のガバナンスを利かせるためには、データモデリングの規定書を作成し、規定書に書かれているルールを守るべきこととして定義します。データモデリング規定書のうちデータ項目に関するルールとして、「データ項目定義の記入要綱、ネーミングルール、ドメイン（型・桁の標準化）」は守るものとして定義し、プロジェクトで作成したデータモデルとデータ定義書をチェックするようにします。

　実務では、必ず知識とスキルのあるデータアーキテクトが現場に入って、作成したルールを共通言語にしながら、**プロジェクト側を支える気持ちでガバナンスを利かせていく**のが成功の近道です。

データ活用の課題と
データ活用基盤

データマネジメントの最終的なゴールは、データ活用
を促進し、データ駆動型経営を推進することで、真の
DXを実現し、企業の競争優位性を獲得することです。
しかし、そこに至るまでにはビジネスサイド、ITサイ
ド共に、大きな課題を抱えています。
またデータ活用を推進するためにデータを適切に管理
することが求められますが、どのように管理したら良
いのでしょうか？
本章では、データ活用の課題とその解決策となるデー
タ活用基盤について解説します。

データ活用をテコに
業務上の課題を解決する

■ データ活用の推進がままならない

データマネジメントの最終的なゴールは、データ活用を促進し、**データ駆動型経営を推進することで真のDXを実現し、企業の競争優位性を獲得すること**です。

しかし現場に目を向けると、ビジネスサイド、ITサイド双方に課題が山積みであり、データ活用すらままならない状況といえます。

■ ビジネスサイドが直面する課題

ビジネスサイドでは何とかデータ活用を推進し、ビジネスに貢献したいと思っています。しかし、業務担当者はオペレーショナルな業務運用がメインであり、データの分析はごく一部の人が行ってきました。そのため、多くの業務担当者は、どのようにデータ活用をしたら良いのかわからない、というのが率直な意見のようです。ビジネスサイドが抱える課題はおおよそ図6.1.1の通りです。

分析結果を見ても インサイトが得られない	システム上、様々なデータが、ビジュアルに提供されているけど、正直、そこから何もインサイト（洞察）が得られない（どう見ていいのかわからない）。
何を分析すれば良いか わからない	インサイトを得るために、どういう分析をすれば良いのかがわからない。もしくは、分析のアウトプットイメージはあっても、どういう手順で分析すべきかわからない。
組織間の壁に阻まれ データ活用の幅が広がらない	単独で解決できない課題があることは薄々感じているが、組織間の利害調整や円滑なデータ共有など高い壁がある。
データの在り処が わからない	アウトプットイメージも、分析方法もわかっているが、分析元データがどこに存在しているのか、そもそも存在するのかさえわからない。また、それっぽいのを見つけても、本当にお目当てのものか確証が得られない。
欲しいデータが すぐに取得できない	ITサイドにデータ提供を依頼したが、「データ提供に6週間はかかる」と言われた。やる気が失せた…

● 図6.1.1　ビジネスサイドが直面する課題

ならば、いっそ次のように考えましょう。

Point! データ活用に対するビジネスサイドの態度

● データ活用は、新しい業務なので、知らなくて当然と考える

■ ITサイドが直面する課題

ITサイドも悩みは尽きません。情報システムは、構築当時のビジネスモデルを実現することを目的につくられています。

今求められているのは、データ駆動型経営という新しいビジネスモデルの実現です。これを旧来のシステムで実現しろというのは難しい注文です。

その弊害が図6.1.2 のような課題となって表れています。

物理分散への対応	オンプレ／クラウド、POAによるデータサイロ化、マイクロサービス化等、今後さらに分散する傾向にあるデータを物理的に1箇所に集めようとすると、労力と遅延が生じる。
多様化への対応	RDB、KVS、グラフDB、Excel／Word等、あらゆる種類のデータ統合に対応しなければならない（ツール、スキルが不足）。
検索性	業務部門が自由に必要なデータを探し、分析で使用することができない。通常データマートは定型レポートだけでなくアドホックな要求にもある程度対応しているが、ユーザには必要なデータがどこにあるのか直感的に分かりにくく、ITサイドの対応が必要になる。
データの鮮度、整合性	バッチ処理による連携のため、今必要なデータが数日後でないと利用できない。複数のデータセット間で、データの鮮度や整合性に問題がある。
セキュリティ	ユーザ毎にきめ細やかなデータ閲覧権限の設定をするのは難しい。そのため、ユーザロール別にデータセットを分けて構築するのでコスト増になる。
デタマネ基盤のDX対応	「DX」と名の付くツールはたくさんあるが、何を基準に選定すれば良いのかわからない。既にデータマネジメント基盤を構築しているので、無駄にならないよう有効活用したい。基盤を運用するための要員リソースは限られている。

● 図6.1.2　ITサイドが直面する課題

ITサイドは、次のように行動すべきです。

Point! データ活用に対するITサイドの態度

● 新しいデータ活用基盤をつくろう

■ データ活用における課題認識と解決策

ここまで見てきた通り、ビジネスサイド、ITサイドの双方にデータ活用を推進するうえでの課題があります（図6.1.3）。

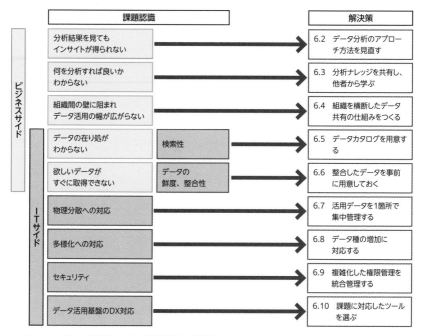

● 図6.1.3　データ活用における課題認識と解決策

6.2（RULE34）から**6.10（RULE42）**で、それぞれの課題が発生する原因と解決策について説明します。

データ管理というグレーゾーン

　多くの企業では、ITサイドがシステムをつくり（＝データを格納する器をつくる）、ビジネスサイドがデータの登録、修正、削除を行う、という役割分担で業務を行ってきました。

　しかし、DXの流れの中で両者の役割分担が不明確になってきたのです。

　経営サイドはITサイドにデータ活用を求め出しました。しかしITサイドはデータの器をつくっているだけで、業務には詳しくありません。

　一方、ビジネスサイドは業務には詳しいですが、業務で扱っているデータをどのようにデジタル技術を駆使し、活用すれば良いかを知りません。

　両者の間には明確なグレーゾーンが存在するのです（図6.1.4）。

　DXはデータ活用を推進するための、新たな組織の誕生を求めているのです。

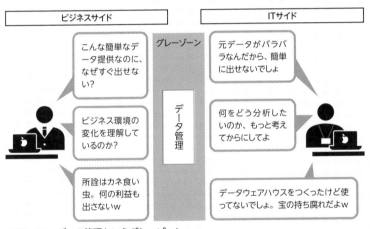

● 図6.1.4　データ管理というグレーゾーン

34 データ分析のアプローチ方法を見直す

■ データ活用ツール導入だけが先行するリスク

データ活用を実践し始めた企業にインタビューをすると、「高価なデータ活用ツールを導入したが、思ったような効果が出ていない」という話をよく耳にします。

残念ながら、いまだに多くの企業では「データ活用ツール」さえ導入すれば、何かしらの業務効果が得られる、という幻想を抱いているようです。

そもそもデータ活用ツールの導入によって、どのような効果が得られると想定していたのでしょうか?

今は「DX推進」という錦の御旗のもとに「ツール導入により全体の効率化が〇%進む」という皮算用で導入が決定するケースが散見されます。

このように、**目的がデータ活用ツールの導入**になってしまっているのです。**本来の目的はDX推進に向けた業務改革**です。データ活用はその一環であり、ツール導入は実現手段の1つでしかありません。

◆ データ活用ツールはあくまで道具

「データ活用が推進されないのは、ツールがないからだ。ツールを導入することで活用を推進するのだ」というお話もよく耳にします。また、「高額なツールを導入したのだから、ちゃんと使いなさい」という論調も多いように思います。

しかし、現場のニーズをヒアリングすることもなく、ツール導入が先行しているのであれば、導入したところで誰も使ってくれません。それ以前に、そもそも使い方がわからないので、活用のしようがないのです。

データ活用は、新しい業務です。

どのように業務を実践し、データ分析を行うのかをビジネスサイド、ITサイドが、ツール導入に先立ち、しっかりと検討しておく必要があります。

■ データ分析の最終ゴールは「将来の予見」である

われわれが「事実」として知ることができることは、過去に何があって、現在どうなっているか？ ということだけです。

過去と現在の事実を知ることで、将来どうなるのか？ を予見することこそが、データ分析に求められることです（図6.2.1）。

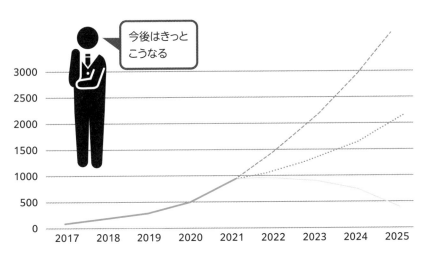

● 図6.2.1　データ分析のゴールは「将来の予見」

■ 仮説検証型アプローチを実践する

ここにデータ分析の現場で散見される「あるある」があります。

Point!　データ分析あるある

- データを分析さえすれば、何かしらのインサイトが得られる、と本気で思っている
- インサイトが得られないのは、分析の仕方に問題があると考えている

優秀なデータ活用ツールが示すグラフや図は、確かにいろいろな情報を示唆してくれます。しかし、得られた情報だけを頼りにしていては、それをどう解釈するかはデータ活用者次第になってしまいます。

誰もが納得するインサイト（洞察）を得るためには、科学的な「仮説検証型アプローチ」を取ることが重要です（図6.2.2）。

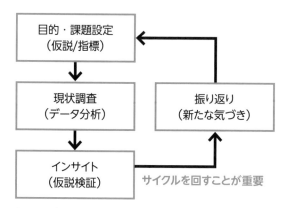

　進め方は単純です。

　はじめに目的・課題を設定し、仮説を立てます。その仮説を立証するためには、どのデータを見れば良いかをひたすら考えます。このアプローチで一番重要なステップとなります。

　次にデータを収集し、調査を行います。ここは機械的な作業になります。データ活用ツールで実現できる領域です。

　そして、現状調査の結果を仮説と比較し、仮説が正しいか、部分的に正しければどこが正しく、どこが正しくないのかを検証することで、インサイトを探ります。

　最後に、仮説検証の結果を振り返り、次にどのような目的・課題設定をし、新たな仮説を立てるべきかを検討します。

　データ分析の結果得られるデータは「将来の予見」となるため、「絶対解」はありません。あるのは「確からしさ」です。

　この「確からしさ」をより精度高く証明し、関係者に納得してもらうことが重要となります。そのためにも、「振り返り」から新たな「目的・課題設定」につながるサイクルをしっかりと回し、精度を高める必要があります。

■ アウトプットから考える

今あるデータをうまく組み合わせて、新たなインサイトを探りたいという気持ちはよくわかります。しかし、その組み合わせは無限に近いです。

「仮説検証型アプローチ」を取るということは、**インプットをどう組み合わせれば良いかと考える前に、アウトプットを先に決める**ことに他なりません（図6.2.3）。

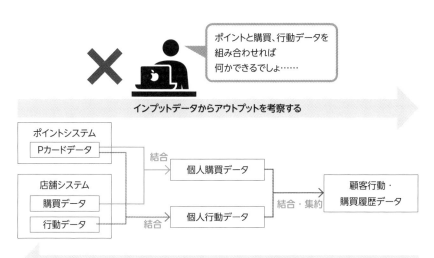

● 図6.2.3　アウトプットから考える

分析ナレッジを共有し、他者から学ぶ

■ データ分析は閉鎖的

　今でこそDX推進の御旗のもとに、全社データ活用の推進の環境が整いつつありますが、これまでのデータ分析はビジネスサイドの業務とされ、限定した組織の枠によって閉じた世界で行われてきました（図6.3.1）。

　データ分析は「将来の予見」を行うため、秘匿性が高く、業務の根幹に関わることも多い業務です。また、担当者の立場からすれば、数多の試行錯誤の結果にたどり着いたのが、現在のデータ分析手法となります。

　そのため、門外不出のノウハウであると共に、苦労してたどり着いたがゆえに、そうやすやすとは他人には教えたくないのが心情ではないでしょうか。

　一方で、自業務に特化しているので、他業務領域の担当者が見ても、あまり意味がないと思っているかもしれません。

● 図6.3.1　分析ナレッジの分断

■ 共有すべきは「分析ナレッジ」

　確かに「分析データ（結果）」を共有しても、他業務領域の担当者にとっては、あまり意味がないかもしれません。

しかし、その分析データを求めるにあたって、**「なぜそのような分析を行ったのか？」「どのようにその分析を行ったのか？」**といったWhyやHow toに関するナレッジは他業務領域の担当者にとっても、参考となります。なぜなら、データ分析の観点ややり方は応用が利くからです。

「分析ナレッジ」が蓄積されるということは、企業にとっては「将来を予見」する方法をいくつも持つことに他なりません。つまり、**「分析ナレッジ」の蓄積自体が、企業価値の向上に貢献**するのです（図6.3.2）。

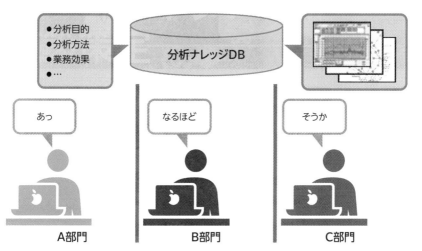

● 図6.3.2　分析ナレッジの共有

■「分析ナレッジ」の蓄積

最近では、顧客からの問い合わせに対する回答をナレッジDB化し、チャットボットに活用するという試みも進展しています。

同様のことをデータ活用でも実現しましょう。

そのためには、容易に登録/検索できる仕組みが必要です。また、登録することに対するモチベーションを高める施策（例：インセンティブ）も必要になりますし、より多くの人の活用を推進するためには、優れたユーザーインターフェースが求められます。

単にナレッジDBシステムを導入するのは簡単ですが、**多くの方に活用してもらうための「仕掛けづくり」のほうが重要**になります。

6.4
RULE
36 組織を横断したデータ共有の仕組みをつくる

■ 組織縦割りによるデータの分断

　6.3（RULE35）では「分析ナレッジ」の共有についてお話をしましたが、**「データそのもの（＝レコード）」の共有も重要**です（図6.4.1）。

　DXは、顧客中心指向に基づくビジネスモデルを構築することで実現できます。顧客に関するさまざまな情報が組織内で分断していては、顧客中心指向のビジネスモデルは構築できません。

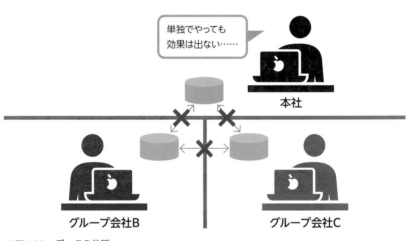

単独でやっても
効果は出ない……

本社

グループ会社B

グループ会社C

● 図6.4.1　データの分断

■ 関係者間の情報連携をスムーズにする

　企業横断、もしくは、グループ横断でデータを共有することができれば、**より高次元なインサイト**を得ることができ、各組織の特徴を活かしたトータルな提案が可能となります。

　これにより、的確な提案が実施できることで顧客満足度が向上し、各組織による個別アプローチからトータルアプローチによる業務効率化につながり

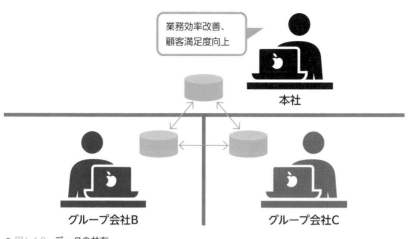

● 図6.4.2　データの共有

ます（図6.4.2）。

■ データ共有の課題

　ただし、実際にデータを共有しようとすると**実現は難しい**です。例えば、次のような課題があります。

Point!　データ共有の課題

- お客さまの情報をグループ会社間で共有できるように、お客さまに許可をもらっているか（データセキュリティの問題）
- どうやってデータを集めるのか（データ連携の問題）
- 集めたデータの責任は誰にあるのか（データオーナーの問題）
- どの視点／コードでデータを管理するか（マスタデータ管理の問題）

37 データカタログを用意する

■ お目当てのデータが見つからない

「データ分析の際に困ることトップ3」というのがあります。紹介しておきましょう。

Point! データ分析の困りごとTop3

1. 何のために分析するのかわからない
2. 分析のやり方がわからない
3. 分析に必要なデータが揃わない

1、2についてはすでに説明しましたが、この中でも「3.分析に必要なデータが揃わない」が一番やっかいです。そもそもお目当てのデータが社内に存在するかの確認さえ難航するからです。

◆ 人づてのデータの確認作業

企業の情報システムは、長い歴史をかけて成長を続けてきました。業務の拡大、複雑化を背景にシステム数が増え続ける一方、一つひとつのシステム自体も成長し続けています。

そのため、ITサイドはシステムごとに担当者を割り当て、何とか保守していますが、担当者がシステム縦割りに配置されてしまったことにより、各担当者の知識も担当システムに限定されています。

システムを横断して使用されるデータの場合、それぞれの担当者に確認する必要があります（図6.5.1）。

そもそも誰に確認すれば良いのか？ というKnow Whoの情報が乏しいと、お目当てのデータを網羅的に取得するのに非常に苦労します。

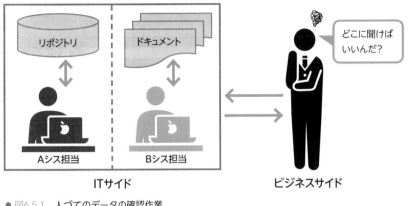

● 図6.5.1　人づてのデータの確認作業

■ データの一覧をつくる

　この解決策はシンプルです。システムにあるデータをすべて可視化し、「システム内にあるデータの一覧」つまり「**データカタログ**」を管理すれば良いのです（図6.5.2）。

　ビジネスサイド/ITサイドの双方の担当者もデータカタログを見れば、誰に確認することなく、どのシステムに、どんなデータがあるのかを把握できるようになります。

　しかし、ビジネスサイドが理解できるレベルでデータカタログを整備するには、ポイントがあります。

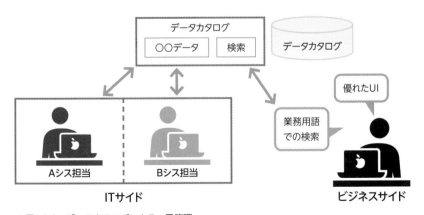

● 図6.5.2　データカタログによる一元管理

38 整合したデータを
事前に用意しておく

■ データ不整合の問題は根が深い

データは現実の写像です。ただし、それは取得した時点の話です。

データがデータベースに格納されてから次の更新がかかるまで、その**データは取得時点から劣化**していきます。

データが常にリアルタイムで連携できて、世界各国・各地域で同じ情報が見られるならば良いのですが、現実は処理タイミングが日次だったり、月次だったりします。つまり、同じデータであっても鮮度が違うのです。1カ月前のデータと1日前のデータを混在させて良いのか、という問題です。

また、データ活用者はすぐにデータを使いたいと思っています。しかし現実には、依頼してから活用データを取得するまでに随分と待たされることが多いものです（図6.6.1）。

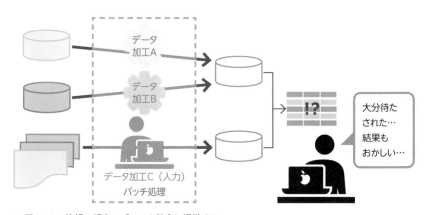

● 図6.6.1　依頼の都度、データを整合し提供する

■ データ提供者は多くの時間を不整合解消に費やしている

現実世界を写像したリアルタイムのデータを常に活用できるのであれば、データの提供にそれほど時間を要しません。

しかし現実には、データ活用者の依頼に沿ったデータを提供するためには鮮度の違うインプットデータの不整合を解消しなければなりません。

データ提供者は、このデータ準備作業に多くの時間を要しているのです。

■ 整合したデータを先に用意しておけば良い

ビジネスは時間との闘いです。ライバルに先んじて、正しい意思決定を行うためには、正しいデータが今すぐに必要です。

そのためには、依頼をしてからデータを整合させに行くのではなく、事前に整合したデータを保持しておき、依頼があった際には、その整合したデータを組み合わせるだけにすれば良いのです。

つまり、常に最新化されたデータを一元的に管理し、いつでも活用できるようにデータを準備しておけば良いのです（図6.6.2）。

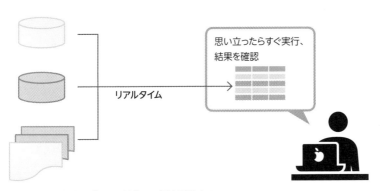

● 図6.6.2　事前にデータを整合し、都度提供する

Garbage in, Garbage out（ガベージイン , ガベージアウト）

データの世界には、「Garbage in, Garbage out」という有名な言葉があります。直訳すれば「ゴミからはゴミしか生まれない」ということです。もう少し具体的にいうと、投入するデータが汚れていれば、出てくるデータも汚れてしまっており価値がない、ということです。データを活用するためには、十分な品質を持ったデータでなければならないということを示唆しています。

39 活用データを 1箇所で集中管理する

■ データの分散が加速している

　近年、クラウド・SaaSが進み、容易にシステムを導入できるようになりました。喜ばしいコトではありますが、一方で弊害もあります。

　データがシステムごとに個別に保持され、データの分散が加速しているのです。その結果、データ活用者の視点に立つと、活用データを取得するのに複数のシステムを参照しなければならず、苦労が絶えません（図6.7.1）。

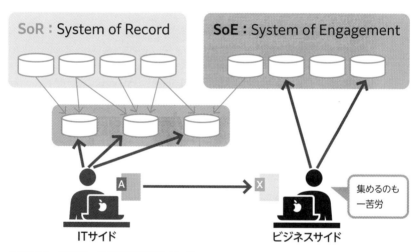

● 図6.7.1　活用データの収集に苦労している

■ 「データを活用したいならココを見ろ」をつくる

　今までのような重厚長大なオンプレミスなシステム構築は、極めてレアなケースとなるでしょう。多くの企業で、システムのマイクロサービス化が加速し、クラウド・SaaSを利用したシステム開発が本流になるでしょう。

　つまりデータの分散がますます加速することを是として、解決策を講じなければなりません。

データが分散していることを是とした場合、データ活用上の問題は次となります。

Point! データの分散によるデータ活用上の問題

1. 分散したデータをわざわざ取得しに行く手間の発生

2. 分散したデータの整合性の確保

3. 統合したデータの管理者の確保

2. については、**6.6（RULE38）** で解説しました。

1. については、解決策は明確です。活用者がどこを見れば良いか迷わないように、活用データを1箇所に集めておけば良いのです（図6.7.2）。

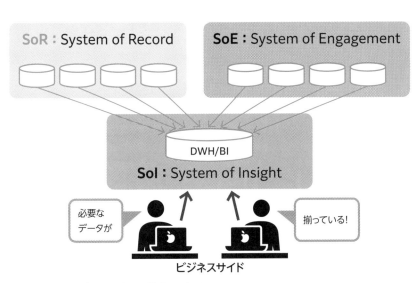

● 図6.7.2　活用データを1箇所で管理しておく

3. については、基本は集める前のデータのオーナーがその責任を負うべきですが、統合後のデータは元データのオーナーの預かり知らぬところです。どのように統合したかはデータ統合を実施した担当者が説明責任を有しますが、統合されたデータに関しては、データ統合実施担当者の上司にあたるチーフデータオフィサー（CDO）が全責任を持つことになります。

データ種の増加に対応する

■ データ種の増加に要員育成が追いつかない

　現実世界を写像するためには、RDB（リレーショナルデータベース）、KVS（キーバリューストア）、グラフDB、Excel/Word等、あらゆる種類のデータ統合に対応しなければなりません。

　この先もデータ種は増加の一途を辿ると予測できますが、これらすべてに対応できるシステム担当者を育成するのは容易なことではありません。

　もとより人手による統合には限界がありますし、人手によるミスの発生も否めません。データ統合は、データ活用の第一歩です。ここでのミスは致命的になります（図6.8.1）。

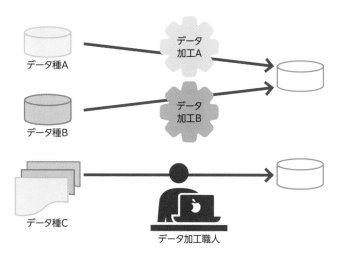

● 図6.8.1　データ加工職人による作業

■ ツールでできることはツールに任せよう

　そもそもデータの意味を知り、どのように統合するのがビジネス上正しいのかを判断できるのは人間だけです。この統合作業には価値があります。

　一方、データ種の違いによる差を吸収し、統一フォーマットに変換すること自体は単なる変換作業であり、ビジネス上の価値はありません。

　これら単純作業を人間が行うと、人的ミスが発生するリスクを含みます。

　今はあらゆるデータ種に対応したデータインテグレーションツールがあります。それらのツールは新たなデータ種が出てきたときにも対応してくれます（図6.8.2）。

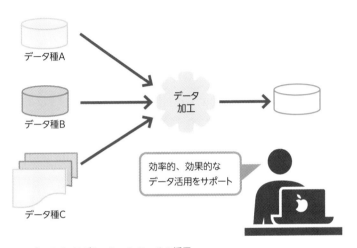

● 図6.8.2　データインテグレーションツールの活用

　ツールに任せられることはツールに任せ、担当者には、ビジネス上の価値がある仕事をやってもらいましょう。

6.9
RULE
41 複雑化した権限管理を統合管理する

■ セキュリティと利便性

データは企業にとっての貴重な資産です。データの価値が高まれば高まるほど資産価値は上がりますが、データの改ざんや漏洩などのセキュリティリスクも高まります。企業には、データのリスクを低減させる責任があります。

一方、リスクを恐れ、高度なセキュリティをかければかけるほど、利用者にとっての利便性が損なわれます（図6.9.1）。

データを扱うには、セキュリティと利便性という、相反する2つの機能を適切に実現しなければなりません。

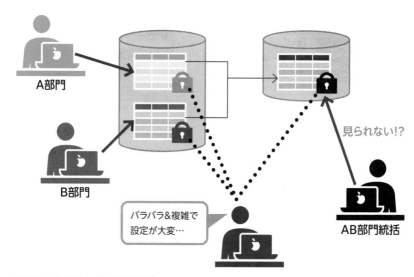

● 図6.9.1 システムごとの権限管理

特にセキュリティはシステムごとに権限の設定単位が異なり、横断的な権限設定が難しいです。現状では冗長なことを理解したうえで、権限別にDBを分けて対応することもあります。

■ 権限設定もツールを活用しよう

　データが多様化すればするほど、そのデータにアクセスできる権限の種類も増えていきます。またビジネスが拡大し関係者が増えることでも、やはり権限の種類は増加します。

　システムごとに権限管理をしていては、権限の増加の対応に手間取りますし、システム間の権限の整合性を人間が保証しなければなりません（図6.9.2）。

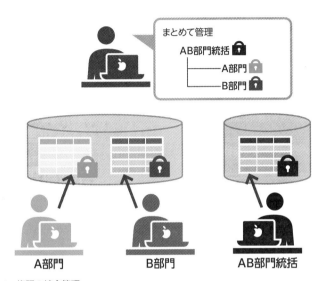

● 図6.9.2　権限の統合管理

　データインテグレーションツールの中には、アクセス権限を統合して管理できるものがあります。

　権限設定のミスによるデータの漏洩や改ざんを未然に防ぐためにも、ツールが活用できるならば、惜しまずに活用しましょう。

42 課題に対応したツールを選ぶ

■ 玉石混淆のDXツール

元々は「データ連携」や「業務の可視化」、「業務の自動化」を謳っていた、単純な機能しか持たないETLツールやBIツール、RPAツールなどが、平然と「DXツール」を名乗って販売されています（図6.10.1）。

今は**DXに絡めないとツールが売れない**時代になっていますので、ツールベンダーのプロモーション戦略上、致し方ないこととは思いますが、もちろんこれらのツールをただ導入しただけではDXを実現できません。

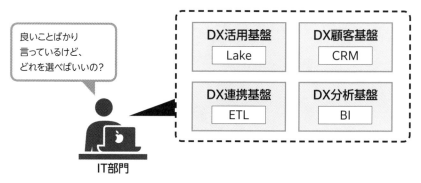

良いことばかり言っているけど、どれを選べばいいの?

IT部門

| DX活用基盤 | DX顧客基盤 |
| Lake | CRM |

| DX連携基盤 | DX分析基盤 |
| ETL | BI |

● 図6.10.1　玉石混淆のDXツール

■ 自社の要件にあったツールを選ぶ

価格もピンからキリまであります。高価なツールはもちろん高機能となっています。かゆいところに手が届く機能が必要ならば、高価なツールを導入すれば、多くの要件は満たされると思います。一方で導入に先立ち「本当にその機能が必要なのか?」という検証を怠っているケースも散見されます。

皆さんの業務要件を満たすのに、高級スポーツカーが本当に必要なのでしょうか? 大型エンジンを積んで、最高時速300km/hに達する機能が必要でしょうか? 現実の要件としてはファミリーカーで十分だったりしないでしょ

うか？ あれもこれもできる高機能なツールを導入しても、多くの機能が未使用のままとなっているケースも多いようです。導入にあたっては、**必要最低限の機能要件**を軸に検討されることを推奨します。必要最低限の機能要件とは6.2（RULE34）から6.9（RULE41）までを実現できることです。他にも既存のシステム資産を活かせる、少ない担当者で運用できるなども含まれます（図6.10.2）。

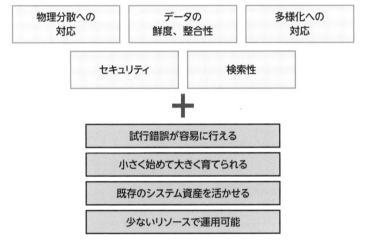

● 図6.10.2　データ活用基盤のDX対応要件

■ 将来のコスト増も考慮しておく

最近はサブスクリプションモデルでの課金が増えています。どのように課金するかの指標は明確になっているのですが、それがデータ量だったり、アクセス頻度だったりと事前に算定するのが難しい項目が多いです。そのためプロト開発を通して、どれくらいの課金になるかを測定していたりします。

データ活用のニーズは今後も増加することを考慮すると、**将来の課金がどのように推移するかをしっかりと見極める**ことも重要です。

サブスクリプションモデルでは、データ活用が推進されればされるほどに、コストが急上昇していくのです。はじめは安いかもしれませんが、いざ**本格的に導入し始めるとものすごいコストになる可能性**があります。

データ活用基盤の全体像を知る

■ データ活用基盤に求められる要件

これまで見てきたように、データ活用を推進するためには、単にBIツールを導入するだけでは不十分です。

データ活用基盤に求められる要件は、以下の3点となります。

Point! データ活用基盤に求められる要件

1. 活用に資するデータを創り出すことができる
2. データの素性を知ることができる
3. 他の人がどのように分析しているかを知ることができる

データ活用をするにあたっては、この他にもユーザーインターフェース（画面）の見やすさ／美しさ、直感的な操作性、分析処理スピードの速さなどももちろん大事ですが、組織的にデータ活用を推進するためには、上記3点は必ずクリアされていなければなりません。

■ データ活用基盤に求められる機能

上記3点をクリアするために必要な機能は、次の3つとなります。

Point! データ活用基盤に求められる機能

1. マスタデータ管理機能
2. データ連携管理機能
3. データカタログ管理機能

各機能の詳細については、次章以降で説明しますが、全体を俯瞰すると図6.11.1のようになります。また、各機能の概要を表6.11.1に示します。

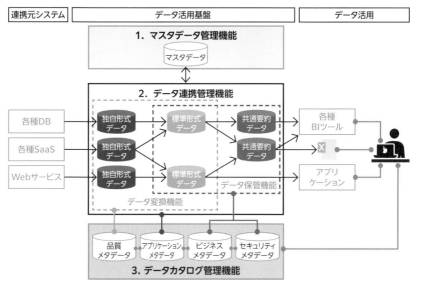

● 図6.11.1　データ活用基盤

■ 表6.11.1　データ活用基盤の機能概要

機能	概要
1. マスタデータ管理機能	取引先や商品、社内組織や社員、拠点など、企業のリソース（資源）に関するデータ（＝マスタデータ）を集中的に管理する機能
2. データ連携管理機能	連携元システムからのデータ連携から始まり、データ標準化のためのデータ変換処理、標準化されたデータをデータ活用のために連携するまでの一連のデータの流れを管理する機能
3. データカタログ管理機能	1、2の管理や標準化の過程で発生したデータを総合的に管理すると共に、データ活用を推進する上で得られたノウハウなどもデータとして管理する機能

　表6.11.1でお気づきの通り、「3. データカタログ管理機能」は他の機能といささか性質が異なります。

　データカタログ管理機能では、メタデータを管理します。**メタデータとは、「データを管理するためのデータ」**のことをいいます。

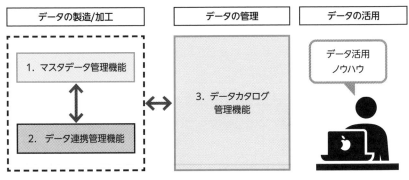

● 図6.11.2 データ活用基盤の機能間の関係

「1. マスタデータ管理機能」「2. データ連携管理機能」は、**活用データを創り出すための製造/加工を司ります。**

一方、「3. データカタログ管理機能」は、その製造/加工の**管理を司ります。**他の機能に比べて、一段レイヤーが高いのです。また、**データ活用を推進するうえで得られたノウハウの管理も司ります**（図6.11.2）。

■ データ活用基盤に求められる要件と機能の関係

まとめると、データ活用基盤に求められる要件と機能の関係は、図6.11.3のようになります。

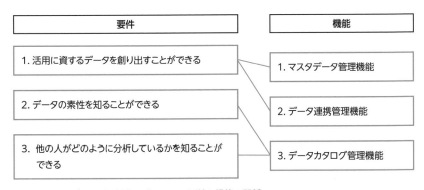

● 図6.11.3 データ活用基盤に求められる要件と機能の関係

データ活用基盤を謳う多くのツールやサービスは、「[要件] 1. 活用に資するデータを創り出すことができる」のみに焦点が当たっているものが多いです。

少し気の利いたツールやサービスの場合は「[要件] 2. データの素性を知ることができる」を含むこともありますが、ITサイド目線での管理機能（カラムの型・桁など）であることが多く、ビジネスサイドにはあまり必要とされていないものが多いです。ビジネスサイドはデータの業務的な意味（○○金額とあるが税込か税抜か、取引先コードとあるが見込客を含むのか含まないのか、など）を知りたいのです。

これらはデータの登録担当者に意味を確認し、人手で登録するしか方法はありません。ツールやサービスとしては、これら**業務的な意味を管理できるようにしておく**ことが必要となります。

データ活用はビジネスサイドがメインのユーザーとなります。ビジネスサイドが必要とする情報を提供できなければ、組織として、持続的にデータ活用を推進することはできません。

そして「[要件] 3. 他の人がどのように分析しているかを知ることができる」ツールやサービスは、今のところはありません。

しかし悲観する必要はありません。要は分析ナレッジが蓄積できれば良いだけです。その気になれば、スプレッドシートでも十分管理できます。

大事なことは、**分析ナレッジの蓄積を継続的に行う「仕掛け」をつくること**です。

分析ナレッジが溜まる データ活用の仕掛けをつくる

■ データ活用の運用プロセス

　組織的なデータ活用を推進するためには、役割と運用プロセスを設計し、**仕掛けをつくる**ことが大事です（図6.12.1。後掲）。

■ データ活用の役割

　それぞれの役割の職務と必要とされるスキルセットは、表6.12.1のとおりです。特に重要なのが**データアーキテクトとデータスチュワード**です。

■ 表6.12.1　データ活用の役割

役割	職務	スキルセット
チーフデータ オフィサー（CDO）	・企業のデータ活用における最終的な責任を負う ・ガバナンス問題を把握し、必要箇所に改善策実施を指示する ・データ活用基盤の新たな方針を指示する	・データ活用に関する横断的な知見 ・データガバナンスに関する知見 ・業務上の責任権限
チーフデータ アーキテクト （CDA）	・企業のデータ活用における全体設計（組織・データ構造・ルールなど）を行う ・DSt、DA、DOと共に、データ活用に関する諸問題を共有/協議し、適切な改善策や次期方針を講じる ・CDOに対して、改善策および次期方針を提言する	・データ活用に関する横断的な知見 ・データガバナンスに関する知見 ・業界/他社事例に関する知見
データオーナー （DO）	・データ活用者が依頼した活用データに対する業務上の責任を負う ・活用データの必要性に対して、DStと協議する ・CDA、DSt、DAとデータ活用基盤に関する諸問題を協議し、改善案を策定する	・業務および分析データに対する知見 ・業務上の責任権限
データ活用者	・業務目的達成のためのデータ活用施策を検討し、DStへデータ分析を依頼する	・業務および分析データに対する知見 ・BIツールの基礎知識
データ サイエンティスト	・業務目的達成のためのデータ活用施策を検討し、専門的な統計解析知識を活かし、未来予測を行う ・データ活用者に対して、データ分析の指導を行う	・業務および分析データに対する知見 ・統計解析の専門知識 ・BIツールの専門知識

役割	職務	スキルセット
データ スチュワード (DSt)	・データ活用者の情報ニーズを確認し、情報要求 定義にまとめる ・DAと協調して、情報要求を実現するために必 要な活用データを検討する ・DO、DAとデータ活用基盤に関する諸問題を 協議し、改善案を策定する ・データ活用者から専任される	・業務および分析データに対 する知見 ・データ活用基盤の基礎知識
データプレッパー	■DAと協調し、以下を実施 ・活用データ/データカタログの作成/提供 ・データ活用者ニーズに合わせたBIツールの設 定	・業務および分析データに対 する知見 ・データ連携基盤およびデー タ統合に関する専門知識
データ インテグレーター	■データサイエンティスト、ITサイドの担当者と協 調し、以下を実施 ・インプットデータの取込み、一次データ化。BI への連携。 ・APIを管理し、データ連携を迅速に行う	・データ連携方法に対する専 門知識 ・連携元システムのデータに関 する知見
データ アーキテクト (DA)	■DStと協調し、以下を実施 ・情報要求を実現するために必要な活用データを 検討する ・データサイエンティストやデータインテグレータ ー、データセキュリティスト、データクオリティス トへの指示 ■データサイエンティスト、データインテグレータ ーと協調して、以下を実施 ・類似データカタログ作成の抑止 ・データ間の整合性保証 ・データ連携の最適化の推進 ■データサイエンティスト、データインテグレータ ー、データクオリティスト、データセキュリティス トと密に連携し、データ活用基盤の諸問題をチ ェックする ■CDA、DO、DStとデータ活用基盤に関する 諸問題を協議し、改善案を策定する	・業務および分析データに対 する知見 ・データ活用基盤の専門知識 ・メタデータ情報に関する横断 的な知見
データ クオリティスト	■DAと協調し、以下を実施 ・データ品質の測定 ・低品質データに関する改善案を策定する	・メタデータ情報に関する横断 的な知見 ・データ品質に関する専門知 識
データ セキュリティスト	■DAと協調し、以下を実施 ・データセキュリティの設定 ・データセキュリティのチェックと、問題予見時に は改善案を策定する	・メタデータ情報に関する横断 的な知見 ・データセキュリティに関する 専門知識

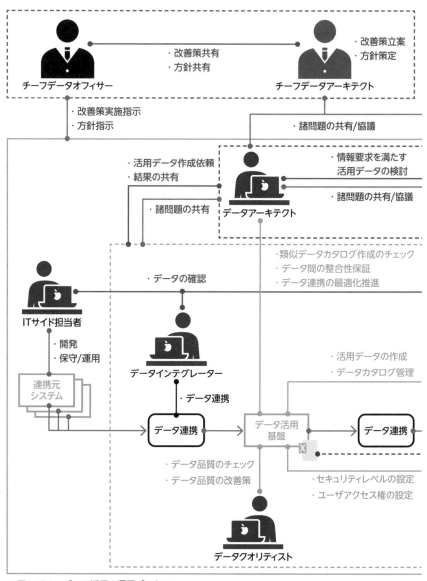

● 図6.12.1　データ活用の運用プロセス

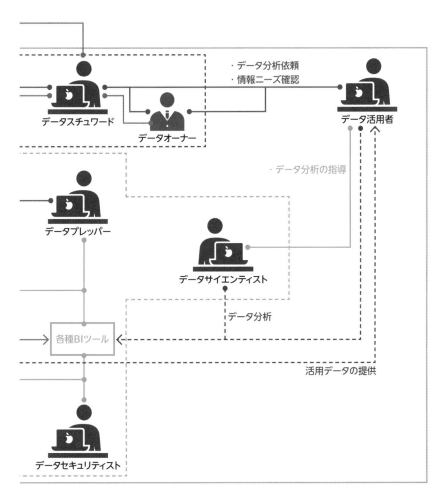

・データ分析依頼
・情報ニーズ確認

データスチュワード

データオーナー

データ活用者

・データ分析の指導

データプレッパー

データサイエンティスト

各種BIツール

データ分析

データセキュリティスト

活用データの提供

■ データアーキテクトとデータスチュワード

データアーキテクトとデータスチュワードは協調して、組織のデータ活用
をコントロールする役割を担います。

コントロールが効いていない状態では、データ活用者の要望の都度、活用
データを作成することになってしまいます（図6.12.2）。

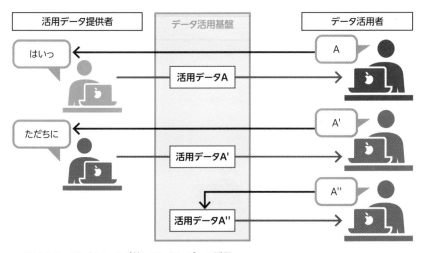

● 図6.12.2　コントロールが効いていないデータ活用

結果として、**情報システムの一番の問題である「類似データが複数存在す
る状態」** となってしまいます。

そのような状態をつくらないために、データアーキテクトとデータスチュ
ワードが全体の調整を行い、データ活用の推進をサポートするのです（図
6.12.3）。

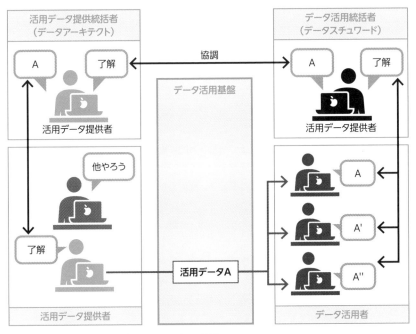

● 図6.12.3　コントロールが効いているデータ活用

データプレッパー（整備士）

　データプレッパーとは、聞きなれない言葉だと思います。適切な言葉がなく筆者らが勝手に作成した造語です。

　このような言葉をつくった背景には、データサイエンティストの間違った活用にあります。

　データサイエンティストは、統計解析を専門に扱う数学者であると同時に、AIや機械学習を駆使するコンピューター・サイエンティストでもあります。また企業戦略や社外環境の変化を機敏に察知し、経営者が意思決定に必要な情報を提供する役割を担います。

　彼らは能力が非常に高く、つまり、内部・外部にかかわらず、高額で雇用されています。

　それにもかかわらず、彼らの仕事の80%が、統計解析を実行する前の、データの準備作業（データプレパレーションという）に費やされているのです。

　なんと、もったいない！

　そこでデータサイエンティストの仕事のうち、データプレパレーション部分を切り離し、データプレパレーションを専門に行う役割をデータプレッパーとして定義したのです。

　データプレッパーに求められるスキルセットは、データサイエンティストのような専門的な統計解析知識までは必要としませんが、収集したデータに対する深い造詣が求められます。

第 7 章

マスタデータ
管理

マスタデータとは、企業や組織が所有する経営資源を
表すデータです。

データ活用基盤においてもマスタデータ管理（Master
Data Management. 略してMDM）は、極めて重要
です。

本章では、マスタデータの基礎知識とマスタデータ管
理実現のポイントについて解説します。

45 マスタデータの大事さを知る

■ マスタデータとは

マスタデータとは、企業や組織が所有する経営資源を表すデータです。

経営資源とは一般的に「ヒト・モノ・カネ」をいいますが、これらをデータとして表現したものがマスタデータです。

マスタデータをさらに細分化すると、表7.1.1の4つに分類できます。

■ 表7.1.1　マスタデータの4つの分類

分類	対象データ
社内組織	グループ会社、自社組織（部や課など）、社員、拠点、…
社外組織	顧客、見込客、仕入先、外注先、…
モノ	商品、部品、資材、…
その他	勘定科目、費目、国、地域（都道府県やエリアなど）、通貨、…

重要な経営資源である「社員」を例にマスタデータを見てみましょう（図7.1.1）。

社員マスタ

管理項目
社員番号（識別子）
氏名
自宅住所
入社年月日
連絡先
生年月日
写真（JPEG）
……

社員 → 写像

● 図7.1.1　社員マスタの例

このように**現実世界に存在している社員を、**情報システムという仮想世界では**データ化し、社員マスタに写像**しているのです。

社員マスタの管理項目をもっと増やせば、より精緻に現実世界を写像することが可能となります。

一方で**管理項目が増えれば、それだけ管理コストが増えます。**

例えば趣味や交友関係などの管理項目があったとします。趣味や交友関係は氏名や連絡先に比べて変化する可能性が高く、最新状態をキープするのが困難です。

そもそもエンタープライズシステムにおけるデータ管理の目的は、ビジネスの円滑な遂行と意思決定の支援にあります。社員の**プライベートに踏み込み過ぎるのは企業倫理上の問題になる**ことも留意しておきましょう。

◆ 識別子に注目する

ここでもう一点、着目していただきたいポイントがあります。

それは「**識別子（レコードを一意に識別する項目）**」です。

情報システムは識別子によって、データを認識します。社員マスタの例でいうと、社員番号が識別子になります。例えば、社内に鈴木 一郎さんが複数名いたとしても、社員番号が異なるため、別人として認識できます（表7.1.2）。

■ 表7.1.2 社員マスタのレコード例

社員番号（識別子）	氏名	自宅住所	入社年月日	…
1001	鈴木 一郎	東京都中央区	1998/4/1	…
1002	鈴木 一郎	東京都港区	2001/10/1	…
2003	鈴木 一郎	東京都港区	2010/4/1	…
2004	鈴木 一郎	神奈川県横浜市	2010/4/1	…

識別子は管理項目と密接な関係があります。管理項目のどれか1つでも値が異なれば、別の識別子をつけるのが理想です。

しかし、現実にはすべての管理項目の値が同じにもかかわらず、別の識別子を付与しているケースも少なくありません。これは、システム構築時には想定できなかった管理項目があるためです。

■ マスタデータがなぜ大事なのか？

ビジネスデータについては、「表1.5.1　データマネジメントの対象」で解説しましたが、この中でもマスタデータは特に重要です。それは、マスタデータが、企業や組織が所有する経営資源を表すデータだからです。

Point!　ビジネスの特性

企業は、経営資源を使って、バリューチェーン（価値付加活動）を行います。そしてビジネスによって得た利益を使って、経営資源管理を行い、経営資源を拡充します。これを循環させることで企業価値を増大させていくのが経営です（「図2.3.1.データマネジメントの活動範囲」を参照ください）。
この流れは情報システムの世界でも同じです（現実世界の写像なので当然といえば当然のことです）。

図7.1.2にデータの参照関係を示します。

情報システムでは、経営資源はマスタデータとして、バリューチェーンはトランザクションデータとして記録されますが、両者には密接な関係があります。

トランザクションデータに記載される内容は日々の取引の結果ですが、取引は経営資源の記録であるマスタデータを使ってなされます。そのためマスタデータの記録がない取引が発生する場合は、マスタデータを登録するところから始めなければなりません。

つまり、トランザクションデータはマスタデータの制約を受け、常に参照する関係にあります。

また、情報系データは、トランザクションデータを、ある期間で集計した結果ですが、期間と共に要約する分析軸を定める必要があります。この分析軸ですが、やはり勝手に定めることはできず、マスタデータとして記録されている範囲でのみ設定が可能となります。

つまり、情報系データもマスタデータを参照し、その範囲内でデータを要約することができるのです。

このように、トランザクションデータも情報系データもマスタデータがなければ機能しないのです。

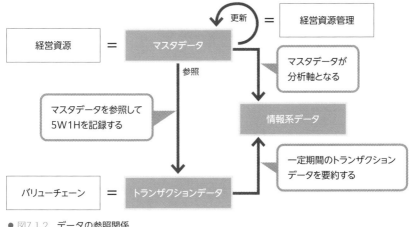

● 図7.1.2　データの参照関係

Point!　マスタデータが大事な理由

マスタデータは、トランザクションデータに記載される5W1Hにあたるデータであり、情報系データの分析軸となるため

※5W1H＝「When：いつ」「Where：どこで」「Who：誰が」「What：何を」「Why：なぜ」「How：どのように」

　マスタデータが乱れれば、トランザクションデータにも、情報系データにも多大な影響を与えてしまうのです。

　逆にマスタデータが整っていれば、情報システムはきれいに保つことができるのです。

46 MDMに取り組む

■ MDMとは

「MDM（**M**aster **D**ata **M**anagement：マスタデータ管理）」という三文字略語を聞いたことはありますか？ これは読んで字のごとく、「**マスタデータを適切に管理しよう**」というビジネス施策です。

ビジネスサイドの感覚でいえば、「マスタデータは適切に管理されていて当然である」と思われるでしょうが、現実はそれほど甘くありません。**マスタデータが適切に管理されている企業は、数えるほどしかない**のが現実です。

「マスタデータ管理」とは、次の活動をいいます。

Point! マスタデータ管理の定義

マスタデータ管理とは、企業あるいは企業グループといった広い範囲にまたがってビジネスにおいて発生する出来事（トランザクション）の情報を業務横断的に正確、かつタイムリーに提供するために、その視点軸となる経営資源（マスタ）データの識別コードや全社で同期すべき属性データを管理・統制（＝ガバナンス）する活動

この活動により、経営層や事業部門は**全社横串の視点で情報を得る**ことができ、**正しい状況判断に基づいた業務改善を進めることができる**ようになるのです。

■ なぜMDMが必要とされるのか？

例えば、昨今のDXの流れを意識して、CRM（Customer Relationship Management）を実現し、顧客満足度を向上させたいとします。

マスタデータ統合前の状態では、店舗事業で管理している「A001：渡辺」さんと、ネット事業で管理している「X01：渡辺」さんは別人として管理されてしまいます。

顧客をより良く知るためには、顧客の特性・興味・行動を知ることが重要です。店舗で見た渡辺さんの情報と、Web上での閲覧履歴や購買情報を統合し、渡辺さんがどのような人で、何に興味があり、どのような行動をするのかを知る必要があるのです。

　そのためには、事業別に構築されたシステムの枠を超えて、渡辺さんを一人の顧客として認識する必要があります（図7.2.1）。

　それを実現するのがMDMです。

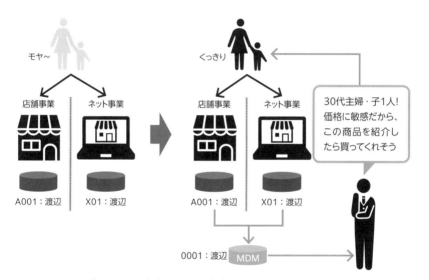

● 図7.2.1　マスタデータ統合前（左）と統合後（右）の顧客管理

　事業別に構築されたシステムの枠にとらわれず、全社共通のMDMシステムを構築し、「0001：渡辺」さんを一人の顧客として管理します。この際に、店舗事業で管理している「A001：渡辺」さんとネット事業で管理している「X01：渡辺」さんを「0001：渡辺」さんで紐づけて管理することで、コードの読み替えができるようにしておけば、企業横断で渡辺さん個人を認識することが可能となります。

　このような事象はCRMに限った話ではありません。**多くのビジネス施策がMDMを前提としている**のです（表7.2.1）。

略語	正式名称	ビジネス施策
CRM	Customer Relationship Management	顧客との関係を管理し、顧客を囲い込むことで、販売向上を図る取組み。顧客情報の管理、担当社員の管理が必要
SFA	Sales Force Automation	企業の営業情報の自動化、および分析により、ボトルネックの発見や効率化を図る取組み。顧客情報や営業社員、作業場所の管理が必要
HRM	Human Resource Management	人材マネジメント。社員情報を一元管理し、適切な評価、組織配置などを図る取組み。社内組織や社員、スキル情報などの管理が必要
SCM/PSI	Supply Chain Management/ Production、Sales、Inventory	製造業などにおける生産・販売・在庫計画。調達、製造、流通、販売などの業務連鎖において、企業・部門間で、情報を相互に共有し、ビジネスプロセスの最適化、キャッシュフローの最大化を目指す取組み。商品や部品、部品構成表（BOM）、製造工程や製造担当の管理が必要。
PIM	Product Information Management	企業内に散在する商品情報を一元管理し、必要とするさまざまなメディアやシステム（Webサイト/商品カタログ/情報システム/業界VAN等）に、正確かつ一貫性のある情報を、高い鮮度を保った状態で供給する取組み。商品や部品、BOM、媒体の管理が必要。
CSM	Component Supplier Management	例えば、間接材購買において同一or代替機能を持つ資材を1つに集約し、集中購買化によってコストダウンを図るなど、調達を最適化する取組み。部品、資材、サプライヤの管理が必要。
…	…	…

■ なぜマスタデータがバラバラなのか？

　マスタデータがバラバラな理由はシンプルです。**古くからあるシステムは業務全体を意識せず、業務個別に設計されてきた**からです（図7.2.2）。

　古くは、システムは計算の自動化や帳表の自動作成のために構築されてきました。そのため、計算や印字など処理の自動化にフォーカスが当たり、**データを共有資産として一元管理しようという発想がなかった**のです。

　この点で**ITサイドを責めても仕方がありません。そういう時代だった**のです。一方でデータの重要性に気づいていた企業も少なくありません。DOA（Data Oriented Approach：データ中心アプローチ）手法をシステム開発ガイドラインに組み込んでいた企業です。当時、MDMという略称はありま

せんでしたが、マスタデータ管理の重要性に気づいていました。

しかし、ホストコンピューターをメインとした時代から、クライアントサーバーモデルのシステム開発に推移したことから雲行きが怪しくなります。システム開発が簡易に行えるようになった反面、統制が効きづらくなり、各所で個別にマスタデータをつくるという事態が散見されるようになりました。

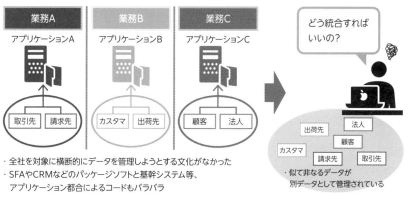

・全社を対象に横断的にデータを管理しようとする文化がなかった
・SFAやCRMなどのパッケージソフトと基幹システム等、
　アプリケーション都合によるコードもバラバラ

● 図7.2.2　マスタデータがバラバラな理由

さらにERP（Enterprise Resource Planning）パッケージの台頭が拍車をかけます。ERPパッケージは導入が早く、グローバルスタンダードな業務機能を活用することができます。一方で**ERPパッケージを利用するということは、マスタデータをERPパッケージのマスタ構造に合わせることに他なりません。**

◆ マスタデータは企業文化そのものである

企業が経営資源をどのように管理するかは、その企業の文化が色濃く反映されています。マスタデータとは、長い年月をかけて、顧客とはこういうもの、商品とはこういうもの、という形で社内合意を得て定義されています。

導入システムの都合でマスタデータが勝手に改められてしまうと、それこそ業務遂行に支障が出ます。自社のマスタにあったアプリケーションを選択するようにしましょう。

7.3
RULE 47
MDMシステムに求められる基本機能を知る

■ MDMシステムとは

MDMシステムとは、組織や事業を横断し共通利用されるマスタデータを、**個別システムの外で一元的に管理する共通システム**のことをいいます。

MDMシステムに求められる基本機能は、図7.3.1のようになります。

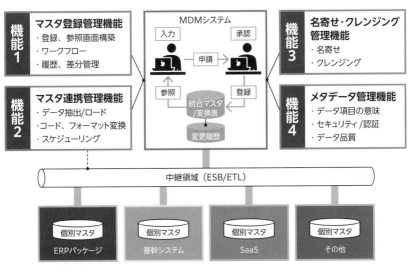

● 図7.3.1　MDMシステムに求められる基本機能

■ MDMシステムに求められる機能の概要

MDMシステムに求められる基本機能の概要は、表7.3.1の通りです。

これらの他にもドキュメント管理機能（顧客と結んだ契約書を保管する機能）や画像管理機能（商品の画像を管理する機能）などもあるかもしれません。自社にとってどのような機能が必要かは、MDMシステムの導入検討の際に、要件として明確に定義するようにしてください。

なお「2. マスタ連携管理機能」や「4. メタデータ管理機能」はMDMシス

テム単体だけではなく、データ活用基盤全体での導入を検討する必要があります。

■ 表7.3.1　MDMシステムに求められる基本機能の概要

基本機能	概要
1. マスタ登録管理機能	・他システムからのデータ連携だけではなく、MDMシステムに直接マスタデータを登録する場合もあります。その際にマスタデータをMDMシステムに直接登録する機能や、登録に際し承認プロセスを必要とするかもしれません。そのためのワークフローです。 ・MDMシステムには統合マスタデータが管理されています。権限のあるすべての関係者が閲覧できるようにしておく必要があります。 ・マスタデータは新たな情報取得都度、更新されます。誰がいつ、どのように更新したかを記録しておく必要があります。
2. マスタ連携管理機能	・他システムにマスタ登録機能が残っている場合、他システム上のマスタに新規登録／更新があった場合、定期／不定期にMDMシステム上の統合マスタも更新が必要になります。 ・他システムとMDMシステムでは、管理項目のコード値や形式が異なる場合があります。MDMシステムの管理項目に合わせてコードやフォーマットの変換を行います。
3. 名寄せ・クレンジング管理機能	・複数システムから更新がかかる際、識別子が違うと対象レコードが同じかどうかの判断が難しいです。そのため、例えば顧客の場合であれば、氏名や住所、電話番号、メールアドレスなどを手掛かりに名寄せ処理を行い、同一か否かを判断します。 ・名寄せの精度を高めるためには、氏名や住所の表記揺れを解消する必要があります。例えば、「渡邊」、「渡邉」を「渡辺」に変換したり、住所の番地や号表示を全角に変換したり、といったクレンジングを行います。
4. メタデータ管理機能	・マスタデータにある管理項目の意味を記載し、利用者にどのような項目かを認識してもらいます。 ・顧客や社員の個人情報など、機微な情報にアクセスできる利用者を制限します。 ・統合マスタデータとして管理している管理項目の正確性や充足度、鮮度などを管理します。

48 適切なマスタデータ連携方式を選択する

■ マスタデータ連携方式とは

マスタデータのデータ流通は必ずしも一方向ではありません。**対象とするマスタデータによって連携方式が異なります。**

図7.4.1に3つのマスタデータ連携方式を示します。

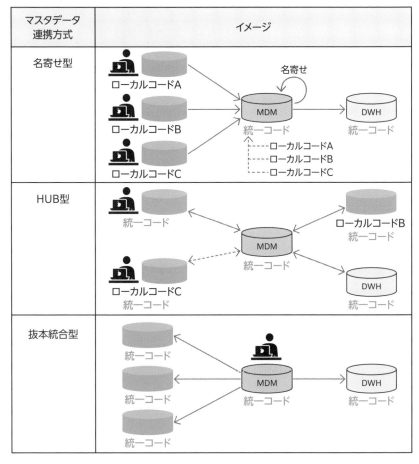

● 図7.4.1　マスタデータ連携方式

■ マスタデータ連携方式の概要と適用シーン

マスタデータ連携方式の概要と適用シーンは、表7.4.1の通りです。

■ 表7.4.1　マスタデータ連携方式の概要と適用シーン

マスタデータ連携方式	概要	適用シーン
名寄せ型	発生源システムで登録・更新されたデータをMDM上で整理・統合し、DWHのみに配信する	根本的なデータの標準化を伴わず、関係するコードや属性を紐づけ、DWHとして統一軸で分析する環境を構築する場合
HUB型	発生源システムで登録・更新されたデータをMDM上で整理・統合し、各システムへ配信する	コードの発番は1箇所でも、複数システムで属性が更新され、さらに複数のシステムで利用する場合
抜本統合型	MDMで登録・更新を完結させ、各システムへ配信する	共通マスタデータを一元的に管理し、それらを複数のシステムで利用する場合

理想形は抜本統合型です。全社のマスタデータを事前に統制しておき、個別システムに配信する形になります。統制が効きやすく、新たなシステムを構築する際にも、必ずMDMシステムのマスタデータを利用するように周知徹底しておけば良いのです。ただし、実現のハードルは高いです。

最近は、HUB型になる傾向が強いです。現実として、すべてをMDMシステムで管理し配信することはできないことが多いからです。個別システムではローカルコードを使用させ、ローカルコードにマスタ登録があった場合には、それをMDMにデータ連携し、統一コードを付与します。ローカルシステムに再配信することもあれば、DWH用と割り切り、再配信しないケースもあります。月日が経ち、ローカルシステムを再構築する際には、MDMシステムのマスタデータの利用を徹底することで、長期スパンでのマスタデータの統制を図ります。

データ活用のためだけであれば、名寄せ型で十分です。HUB型と同じようにローカルシステムでのマスタデータ登録をトリガーに、MDMシステムにデータ連携し、統一コードの採番とローカルコードとの対応表を作成し、DWH上では、ローカルコードを統一コードに変換して利用すれば良いのです。

49 MDM実現の壁を知る

▦ MDM実現の壁

これまで多くの企業がMDM実現を目指して、それなりの投資を行ってきました。過去には失敗事例が相次ぎ、同じ轍を踏まないように、MDM実現への投資をあきらめる企業も多かったように思います。

しかし、現在のDXの流れの中では、MDMは避けて通れなくなってきました。最近では徐々にMDM導入のポイントがわかってきており、過去に比べれば、成功事例も増えつつあります。

ここから先は、MDM実現を阻む4つの壁についてご紹介します。

Point!　MDM実現の4つの壁

1. 目的設定の問題
2. 範囲/粒度の問題
3. 検討体制の問題
4. 進め方の問題

4つの壁の具体的な内容については**7.6（RULE50）**以降で解説しますが、全体を通していえることは、MDM実現の壁は、**MDMシステムという「仕組みの問題」ではなく、各所との「調整の問題」に起因する**ということです。

▦ MDM導入は利害対立の調整

最近では、**7.3（RULE47）**で解説した基本機能を有したMDMパッケージがツールベンダーから提供されています。価格の問題はありますが、これらを導入すれば十分に効果を期待できます。

問題はこれらのMDMパッケージは「仕組み（＝ガワ）」しか提供してくれないことにあります。

MDM実現の難しさは、「中身（＝マスタデータそのもの）」の「調整」に

起因します。

　MDMシステムを導入すること自体に反対する人は少ないと思いますが、実際に導入を進めていく中で、必ず利害対立が発生します（図7.5.1）。

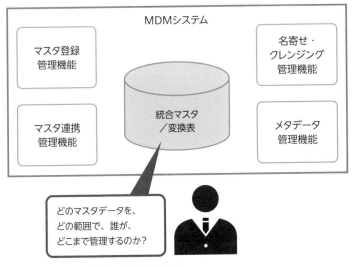

● 図7.5.1　MDMシステム導入における利害対立

　今まで個別最適なシステムを使って業務を遂行していた場合、全体整合性を求める統合マスタデータの登録プロセスを組み込むことは、ビジネススピードを遅くさせる要因となるかもしれません。

　また、これまで慣れ親しんだコードを捨て、新たなコードを覚える（もしくは検索する）必要が出てきて、ビジネスが停滞するかもしれません。

　人は、今の状況から変化することをあまり好みません。またMDMの検討に参加される方は、ある意味各業務組織の代表の看板を背負っていることが多いです。本人は良くても、安易に了承してしまうと、所属組織に持ち帰ったときに、他の社員から何を言われるかわかったものではありません。

　既存の業務はそれ自体、歴史を持って今に至ります。現在の個別システムのマスタデータはその上に成り立っています。それを変えようとしているのですから、MDMの導入には**相応の覚悟が必要**になります。

7.6
RULE
50 MDM実現のWhy（目的）を 突き詰める

■ MDMはインフラづくり

マスタデータの整備は，ビジネス施策実現の必須インフラとなりますが、**それ以上の意味はありません。**もちろんデータの不整合を防ぐ、コード変換表のメンテナンス作業を抑制することはできるので、システムコストを減らすことはできますが、**マスタデータを整備したからといって、企業の利益に貢献することはありません。そもそもMDM導入費用が、MDM導入によるシステムコストの削減によってペイできるかも疑問です。**

しかし**MDMを実現できなければ、ビジネス施策を達成することはかない**ません。

仮にビジネス施策として、大口顧客のロイヤリティ向上による売上拡大を目指すとします。そのためには、MDM施策として、国と事業を超えたグループ企業内での顧客データおよび取引データの名寄せが必要になります。

他にも、図7.6.1のような関係が想定されます。

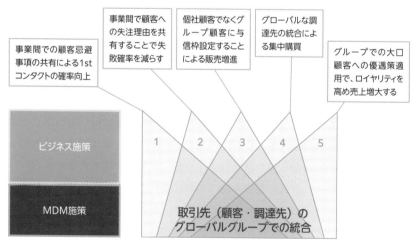

● 図7.6.1　ビジネス施策とMDM施策

上記の通り、MDMは多様なビジネス施策を支える共通のインフラなのです。ここに教訓があります。

Point! MDMの位置づけ

- MDMは将来に亘り多様なビジネス施策を支え続ける管理活動である
- MDMシステム導入を、MDM実現の目的としてはいけない

■ Whyを明確にすることで検討範囲が決まる

ビジネス施策をとことん突き詰めることで、**MDMの検討範囲のシナリオをつくることができます。**

表7.6.1に、ビジネス施策と対象マスタデータの例を記載します。

何を実現したいかが決まれば、何を管理すべきかが決まります。ここでも**アウトプットから考えるアプローチ**が活かせます。

また、実現すべきビジネス施策と対象マスタデータが決まれば、なぜそれ以外のマスタデータを対象から外したのかが明確に説明できるようになります。これは思いの外、効果があります。

MDM導入プロジェクトでやるべきことは次の通りです。

Point! MDM導入プロジェクトでやるべきこと

関係者間の「マスタデータ」に関する認識や定義の「差」を明らかにし、全体最適化された統合マスタデータを管理するための課題を調整し、落とすべきところに落とす。

残念ながら、これがグローバルスタンダードの統合マスタデータである、という**正解はありません。**あるのは**関係者間の合意だけ**です。

そのため、いかに利用者の声を聴き、全体最適指向のもとに課題を紐解き、関係者に納得してもらえる統合マスタデータを設計できたかにかかってきます。

何を実現するために必要なマスタデータかが明確になっていれば、最小限の労力で最大限の効果を上げることができます。これにより何をどこまで統合すべきかの判断が容易となり、関係者の調整や説得もスムーズになります。

情報要求（KPI）を導く ビジネス施策	統合すべきマスタの種類							
	法人／組織／場所				もの		その他	
	社内組織	得意先	仕入先	場所	製品商品	原材料	勘定科目	単位
商品の品揃えを、ABCランクごとに適正な品目数と仕入数を定めて行うことで、売上安定化とニーズ変化キャッチのバランスを取る。					◎		◎	
営業担当者に、顧客ごとにいつ何をいくらでどのようにして受注するか仮説構築させ、上司が仮説レビューと日報フォローすることで達成確率を高める。	○	◎					◎	
グローバルに製品コードを統一し、各国の製品在庫の偏在を集中コントロールすることで、余剰在庫と販売機会ロスを削減する。	◎			◎	◎	◎		◎
開発段階から部材スペックを統一することで、品目当たりの購買量を増やし、ボリュームディスカウントをさせることで部材の原価を低減する。			◎			◎		◎
開発の各DR段階において、知見者を集めてコスト・性能・安全性などテーマ別の先出しDRを実施することで、DR差戻しと試作回数を減らして開発のスピードを上げる。					◎	○		
流出不良の製品回収範囲を限定できるようにして問題を早期解決できるようにし、イメージダウンの損失と解決コストの極小化を図る。					○	○		
グローバルグループの経理業務をシェアード化し、連結パッケージを標準化することで決算を早期化する。	○						○	
受注生産品目か見込生産品目かを、営業要望を排して厳格な基準で定め、1日の差立て回数を増やすことで、納期回答精度を高め、トータルリードタイムを短縮する。	◎	◎		◎	◎			◎

凡例）◎：主要　○：副次

◎・○がついたコードが統合対象となる

■ Whyを明確にすることで量的負荷を最小限にする

　MDMは大きな労力を必要とする活動です。やみくもに対象マスタデータの範囲を拡大してしまうと、負荷だけが重くなり、やりきれなくなります。 多くのMDM導入の失敗事例もここに要因があります。

　マスタデータはあらゆる業務で利用されるため、顧客マスタデータ、商品マスタデータ、それぞれ1つずつでも、関係者が多岐に亘ります。

どうせMDMシステムを導入するならば一気にやってしまえ、という考え方もわからなくはありませんが、対象となるマスタデータの間にも関係性があるため、検討すべき事項が増え、難易度が倍・倍に膨れ上がります。

MDM導入プロジェクトの成功の秘訣は以下の通りです。

Point! MDM導入プロジェクトの成功の秘訣1

" Think big, Start small "
－大きく考え、小さく始める－

必要最低限の達成を目的として設定してください。しかし、ゆくゆくは対象マスタデータ全体がターゲットとなりますので、全体を考慮し、どの順番でマスタデータの整備を実現していくのが最短となるのかを熟考したうえで、最初のステップを確実に達成してください。**小さくても成功することが最も大事なこと**です。

マスタデータの範囲/
粒度を見極める

■ 組織が違えばマスタデータの定義も異なる

人は自分が管理したいものだけを管理します。よって組織の違いによって，興味（何を管理するか）が異なります。

まずは、しっかりと現状のマスタデータを確認しましょう。

この作業は非常に重要です。現状のマスタデータを知ることは、現状の業務を知ることに他なりません。**ビジネスサイドがどのように経営資源を管理しているかを知る**ことと同義です。

ここを怠るとビジネスサイドの**信用が一切得られません。7.5（RULE49）**でも解説しましたが、MDMプロジェクトの最終ゴールは関係者間の合意によってのみ達成されます。信用がなければ合意は得られません。

■ 範囲と粒度の違いを意識する

マスタデータを調査していくと、表7.7.1のようにコード体系もバラバラで、組織によって管理したい範囲（何を含め/何を含めないか）と粒度（粗さ/細かさ）も異なることがわかります。

■ 表7.7.1　各業務部門で商品マスタの管理方法が異なる例

	機能	仕向先	製品色	設計変更バージョン	生産工場	コード
設計部門	○	○	○	○	―	V100
生産部門	○	○	○	○	○	BC11 BC12
本社販売部門	○	○	○	―	―	T67MK2
販売現地法人	○	○	○	―	―	T670II

範囲と粒度について、もう少し解説します。図7.7.1の通り、マスタはコードを採番して管理します。そもそもコードを採番するか否かを決めるのが範囲の話、どのレベルで（つまり管理項目の何が違えば）別コードを採番するのかを決めるのが粒度の話です。

この範囲と粒度の差を明らかにすることが、現状のマスタデータの確認作業です。

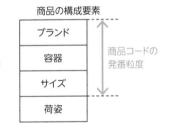

● 図7.7.1　範囲と粒度

■ 現状マスタデータの確認の仕方

やみくもに調査するにはマスタデータはあらゆるところに点在していますので、目的に合わせて設定した対象範囲に限定しましょう。

お勧めの分析ドキュメントは、「会社／事業」と「対象マスタデータ」のマトリクスに、現在管理されているマスタテーブルのコードを管理システムと共にマッピングした表です。

分析ドキュメントのイメージを図7.7.2に示します。

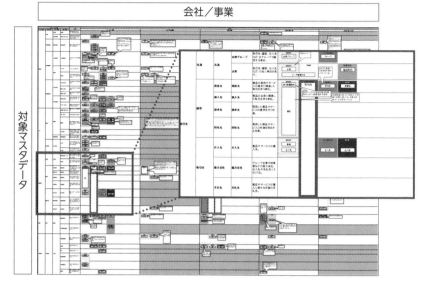

● 図7.7.2　マスタデータ分析マトリクス

　マスタデータ分析マトリクスを使って、現在利用されているマスタデータのカバー範囲を鳥瞰的に把握すると共に、表7.7.2の管理項目が記載された「マスタデータ定義書」も併せて作成します。マスタデータ定義書を使って、現状マスタデータについて、次の詳細を調査します。

Point!　マスタデータ定義書で記載すべき内容

1. どのようなコードで管理されており（コード名称、コード体系）
2. どのような範囲、粒度でコードが採番され（管理範囲、管理粒度）
3. 何が違えば新たなコードを採番し（KEY決定項目）
4. 誰がそのコードを管理し（コード管理者）
5. KEY以外にどのような管理項目を持っているか（属性データ）
6. 標準以外のマスタデータの場合、なぜつくられたのか（重複理由）

■ 表7.7.2　マスタデータ定義書

管理項目	説明
コード名称	-
コード体系	型/桁、桁の意味
管理範囲、管理粒度	実際の値サンプルも
KEY決定項目	何が決まれば別のコードが採番されるか
コード管理者	誰が採番しているか、KnowWhoとなる
属性データ	Key以外の管理項目
重複理由	なぜ標準とは別にマスタをつくったのか？

■ 統合マスタデータの決め方

　現状分析の結果、範囲と粒度の差が明らかになったら、達成したいビジネス施策を実現するために、どの範囲・粒度で統合マスタデータを設計すれば良いかを考えます（図7.7.3）。

　設計すべき統合マスタデータは1つとは限りません。関係者が管理したい範囲・粒度を尊重することで階層的になるかもしれません。

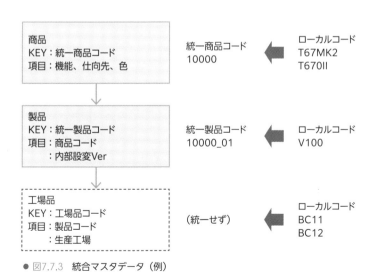

● 図7.7.3　統合マスタデータ（例）

52 MDMの実現はヒトが9割と知る

■ 人こそすべて

MDMの実現は関係者間の合意のうえに成り立つとすでに述べていますが、実際にMDM導入プロジェクトの成功事例を考察すると、次のポイントがあります。すべて人に起因しているのです。

Point! MDM導入プロジェクトの成功の秘訣2

- 経営者が強い意志とリーダーシップを持ちコミットメントすること
- 熱意と理性と誠意を持ったMDM推進者をアサインすること
- 検討メンバーは意思決定ができるメンバーで構成すること
- 外部の経験者(コンサルタント)を活用すること

■ 経営者の強い意志とリーダーシップとコミットメント

MDMの背景となるビジネス施策は、経営や事業判断、業務改革に直結するものが多く、MDM推進者では意思決定ができないことも多いです。また業務組織間の利害対立が発生する可能性もあり、これらを解決できるのは経営者の強い意思決定しかありません。

MDMの検討に関わる多くの従業員に対して「MDMの実現が当社の将来を決定づける」など、強いメッセージを発信し、常に活動をウォッチしておく必要があります。必要に応じて、ヒトやカネの割り当ても欠かせません。

経営者自らがMDMの実現を自分ごととして捉え、強いリーダーシップを発揮することが肝要です。そして**関係部門長にもMDM実現の意義を伝え**、あらかじめ賛意を示してもらいましょう。

■ 熱意と理性と誠意を持ったMDM推進者

MDM導入プロジェクトでは、**総論賛成、各論反対となる場合が非常に多**

く、特に自組織の業務に影響・負担が発生することに対しては、ほとんどの場合、ネガティブな反応となります。他組織への影響は気にしないが、自分達が負担を被るのは嫌だというのが本音でしょう。しかし、これではプロジェクトを推進できません。

MDM導入プロジェクトの推進者は、**ネガティブな意見に対し、その理由をしっかりとヒアリングをし、解決策を提示して、実現に協力してもらえるよう誠意を尽くさなければなりません**。ただし、それでも非協力的な関係者には、トップの印籠を見せることが効果的です。

Point! MDM導入プロジェクトの奥の手

プロジェクト推進上、抵抗に遭い、誠意を尽くしても駄目な場合は、上から「やりなさい」と言える体制を組んでおくこと

■ 意思決定ができる検討メンバー

検討メンバーは、各関係業務組織の代表委員で構成します。代表委員には**業務現場の調整やある程度の意思決定ができる人**をアサインする必要があります。伝言係ではプロジェクトが進みません。

検討メンバーには、**自組織の利益代表ではなく、共に全体最適を実現する当事者であるという意識づけを徹底**しておきましょう。

■ 外部の経験者の活用

自社内部だけでは利害関係が出やすいですが、その点、外部の人間は他社事例やベストプラクティス等の正論によって、**客観的な意思決定を求めます**。個別最適ではなく、全体最適を指向し、会社全体の利益を優先する外部の経験者の活用は効果的です。また、**自分達では言いにくいことを外部の人間に客観的に言わせるのも効果的**です。

53 MDMシステム導入も アジャイルに実施する

■ 一般的なMDMシステム導入プロジェクトの進め方

MDM導入プロジェクトは、次のフェーズを通して実施されます（図7.9.1）。

＜フェーズ1：MDM実現方針策定フェーズ＞
- MDM整備の目的を明確にし、対象範囲を決める
- どのような方針でMDMを整備するかを決める

＜フェーズ2：MDM要件定義フェーズ＞
- 現状分析（データ構造、業務プロセス、データ品質）
- 課題整理/解決策検討
- 新規設計（データ構造、業務プロセス、コード、画面）
- RFP作成

＜フェーズ3：ツール/ベンダー選定フェーズ＞
- 情報提供依頼と精査
- 提案評価指標の策定
- 提案依頼先の選定と評価
- ツール/構築ベンダーの選定

＜フェーズ4：MDM詳細設計フェーズ＞
- 物理設計
- I/F設計
- 処理プロセス（データ集配信）設計
- 名寄せ・クレンジング方針策定
- テストシナリオ作成
- データ移行方針策定

＜フェーズ5：MDM構築フェーズ＞

- MDMシステム構築
- テスト
- データ移行
- 教育

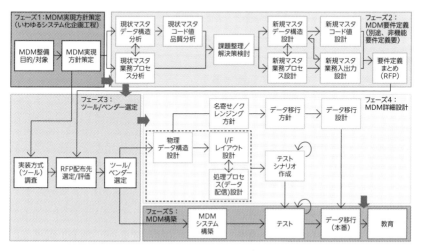

● 図7.9.1　一般的なMDMシステム導入プロジェクトの進め方

■ 一般的なMDMシステム導入プロジェクトの問題点

　MDM導入プロジェクトは、短くても1年、長ければ3年近くの期間を費やして実施されます。

　関係者が多く、影響範囲も広いため、比較的に大型のプロジェクトになりやすい傾向があります。この長期に亘る大型プロジェクトが故の問題は多くあります。例えば、次のようなものがあります。

- プロジェクト期間中に外部/内部環境が変化し、要件が変化してしまう
- 要件とシステム仕様の乖離が実装してから発覚する
- 要件を定義した人が異動でいなくなっている
- プロジェクト期間中に新たなシステムが構築され、改めて整合性を確保する必要が出てくる

■ MDMシステム導入プロジェクトの改善点

これらの問題点を解消するためには、まずは範囲を絞り込み、プロジェクト期間を短縮することが最も効果的です。対象マスタデータを絞った小さなプロジェクトを繰り返し行うことで、検討メンバーの習熟度の向上も期待できます。

また筆者らのこれまでの経験上、MDMシステムはトランザクション系システムに比べて、ビジネスサイドには出来上がりのイメージが想像しづらい傾向にあるようです。

そこで、MDMシステムの要件定義では、設計ドキュメント上であれこれ議論するよりも、実際の画面を操作しながら要件を詰めていくアジャイル開発が効果的であることがわかってきました。

具体的には、現状分析の結果から得られた業務上の課題や新規要件が、新システムではどのように実現されるのかを、実際のMDMパッケージ、もしくは、それに準じたシステム開発プラットフォームを利用して、実際に動く画面としてプロト開発してしまうのです。

担当者には、実際の画面を操作してもらいながら、現状の課題や新規要件が解決されているのかを確認してもらいます。業務の手触り感があるため、新たな気づきも得やすく、効率的なフィードバックが期待できます。

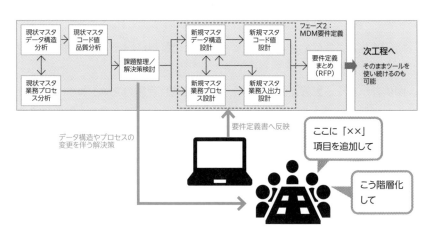

● 図7.9.2　アジャイル開発的なMDM導入プロジェクトの進め方

MDMシステムはパッケージ導入ありきなのか？

　MDMシステムの導入を検討する際には、多くの企業でMDMパッケージが話題にあがります。MDMシステムはパッケージでなければ実現が難しいのでしょうか？

　そんなことはありません。7.3（RULE47）で記載した機能が網羅されていれば、オンプレミスでも開発は可能です。パッケージ導入の話題があがるのは、これらの機能を過不足なく実現するのが面倒だから、ということかと思います。

　また、パッケージの制約に期待しているところがあると思います。「何でもできる」は時に悪になります。「パッケージの制約でこれしかできない」という免罪符を持つことはある意味、武器になります。

　最後に決定的なのは、MDMパッケージが、グチャグチャになったマスタデータを何とかしてくれるという妄想かと思います。

　MDMパッケージを使えば、ある程度のクレンジングや名寄せはやってくれます。確かに便利ですが、例えば商品マスタなど、自社の文化に従って作成されたデータを整備する機能は持ち合わせていません。

　結局はプロジェクトメンバーが実データを確認し、人手でゴリゴリと整備を行い、MDMパッケージに乗せているのです。

　MDMパッケージは比較的高価なものが多いです。MDMシステム導入の検討の際は、システム開発プラットフォームを使って高速開発するケースも比較の中に含めることをお勧めします。

第 8 章

データ連携管理

全社のデータがただ1箇所で管理されていればいいの
ですが、ほぼすべての企業でデータは複数のシステム
に分散して管理されています。
データ活用基盤は、全社のデータを対象にデータ分析・
データ解析をしますので、個々のシステムに分散した
データを収集する必要があります。
本章では、データ連携の基礎知識と実現のポイントに
ついて解説します。

8.1
RULE
54 データがスパゲッティ化する原因を知る

■ データ連携とは

　ほぼすべての企業において、データが1箇所で管理されているケースはありません。簡易的な業務の補完システムから大規模な基幹システムへ企業の発展に応じて進化し続けていますし、最近ではMAやCRMといったSoEシステムも続々と導入されています。

　これは**悪いことではなく、ごく自然な流れ**です。

　しかしデータは単独業務で利用できれば良いわけではなく、組織や業務を横断して利用されないと、情報の分断が起きてしまいます。

　販売システムにある販売情報を元に、物流システムでは出荷を行い、この出荷情報をもとに、会計システムでは売上実績を管理する、そして、売上実績情報をもとに、販売システムで販売計画を立て、その計画に向かって販売をする、といったように、情報は企業内で再利用されます（図8.1.1）。

　データ連携とは、このように**システム間でデータを再利用するための処理**のことをいいます。

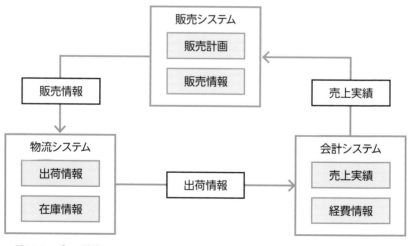

● 図8.1.1　データ連携

■ データのスパゲッティ化とは

　システム間で再利用する情報の数が増えれば、その分、データ連携は複雑化します。脳のネットワーク構造に例えるとすれば、新しいニューロン（システム）が誕生したら、それをつなぐシナプス（データ連携）がいくつもできるのと同じ原理です。

　そしてシステムの中には、いくつもの情報（データのかたまり）があります。これらのあまたある情報が、必要とするシステムに再利用されるためには、情報の数だけデータ連携が必要となります。

　つまり、システムの数をNとすると、Nが増えれば、データ連携の数は次の式で増加することになります。

$$N \times (N-1) \times \frac{1}{2}$$

　この**データ連携**が無数に張り巡らされて複雑化している状態を、**データのスパゲッティ化**といいます（図8.1.2）。

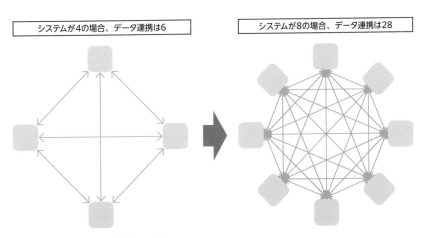

● 図8.1.2　データのスパゲッティ化

■ スパゲッティ化を助長する要因

システムが増えれば、それに従ってデータ連携が増えるのは自然の摂理のようなものですが、これに輪をかける要素があります。

それがデータ変換です。

連携元システムと連携先システムで業務的には同じ意味で使っているデータが、システムの世界では**別のコードや形式（型・桁）で管理**されてしまっており、そのままでは使えない状態にあります（表8.1.1）。

人間でいえば、相手の言葉が全くわからない人々がコミュニケーションをしているようなもので、お互いに理解し合うためには、翻訳が必要になります。

■ 表8.1.1　データ変換

		システムＡ	システムＢ
組織	会社	会社コード（varchar、3）	会社コード（テキスト、3）
	拠点	支店コード（varchar、5） 工場コード（varchar、3）	拠点コード（テキスト、7）
取引先	法人	企業コード（varchar、8）	企業コード（テキスト、8）
	組織	企業コード（varchar、8） 得意先コード（varchar、3）	取引先コード（テキスト、12）
その他	国	国コード（varchar、2）	ISO国コード（テキスト、3）
	・・・		

この翻訳に相当するのがデータ変換で、ITサイドは多くの時間をこのメンテナンスに費やしているのです。

C O L U M N

スパゲッティ

　スパゲッティ「spaghetti」という語は、「ひも」を意味するイタリア語の「spago」に「etto」という縮小辞のついた「spaghetto」の複数形だそうです（出典：日本大百科全書（ニッポニカ））。

　etto（「エット」と呼ぶそうです）は、小さい、少し、やや、などの意味があるそうで、前の語に続けることで、日本語でいうところの「〇〇ちゃん」という意味になるということです。

　つまり、「spaghetto」とは、「（かわいい）ひもちゃん」を意味し、「spaghetti」は「（かわいい）ひもちゃんたち」ということですね。

　なので、スパゲッティ自体の語源には「複雑に絡み合った」という意味はありません。

　ちなみに、プログラミングの世界では、スパゲティプログラムまたはスパゲティコードという語があり、プログラムのソースコードがそれを制作したプログラマ以外にとって解読困難であることを表す俗語を意味するそうです。皿に盛られたスパゲッティのようにロジックが絡み合っていることから「パスタ」とも呼ばれることもあるそうです。システムの世界では「複雑、難解」という意味が強いみたいです。

　スパゲッティは万国共通の食べ物なので、その見た目から比喩に使われやすいのですね。

データ連携の整流/清流化を目指す

■ データの流れを一方向にする

データのスパゲッティ化はデータがシステム間を双方向に連携されることで、さらに複雑化します。しかし、エンジニアリングチェーンやサプライチェーンであれば、基本、**データは一方向に流れる**ものです（図8.2.1）。

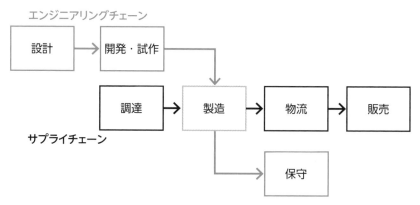

● 図8.2.1　エンジニアリングチェーンとサプライチェーン

しかし、実際には、データはシステム間を双方向に連携されます。これは後工程の実績を前工程にフィードバックする（例：物流上で管理している商品在庫の状況を加味し、製造計画をつくる）など、業務が双方向に影響し合うことに起因します。

しかし可能であれば、データ連携は一方向にしたいです。これを実現するためのやり方は、実は簡単です。**システムを細かく分ければいい**のです。これをマイクロシステム化といいます（図8.2.2）。

例えば製造を製造計画と製造に、物流を入庫、出庫、在庫にマイクロシステム化すると、それぞれのデータ連携は一方向となります。

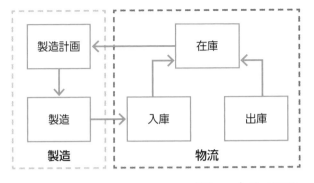

凡例：——→ データの流れ

● 図8.2.2　マイクロシステム化によるデータ連携

　しかし、これでもシステム間のデータ連携の双方向性を排除できない要因が残ります。その要因はマスタデータです。

■ マスタデータがデータ連携の濁流を引き起こす

　システムの実装上は、データベース処理の高速化を実現するために、システム毎にマスタデータが管理されているのが実態です。しかし、マスタデータは業務（システム）を横断して共通利用される特性を持ちます。そのため、**あるシステムのマスタデータに更新があった際は、全体の整合性を担保するため、同様のマスタデータを保持している他システムのマスタデータを更新しに行く**必要があります（図8.2.3）。

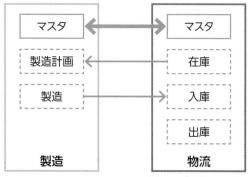

● 図8.2.3　システム間のマスタデータ連携1

　これは**8.1（RULE54）**で解説したスパゲッティ化の原理の通り、システム数が増えれば増えるほどに複雑化します（図8.2.4）。

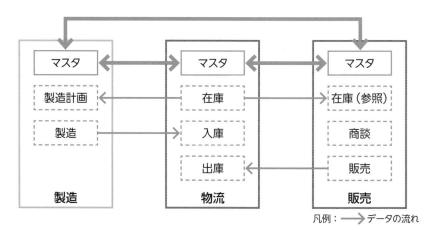

● 図8.2.4　システム間のマスタデータ連携2

　マイクロシステム化し、データ連携の一方向化を目指しても、マスタデータを何とかしないことには、データ連携の整流/清流化の実現は困難です。

■ データ連携の整流/清流化の肝はマスタデータ管理

　各個別システムにあるマスタデータのシステム間の双方向連携を防ぐこと

は、実は簡単です。第7章で述べたマスタデータ管理の考え方を導入すれば良いのです。

　マスタデータ管理システムをつくり、そこからデータを各システムのマスタに配信すれば、データ連携は一方向になります（図8.2.5）。

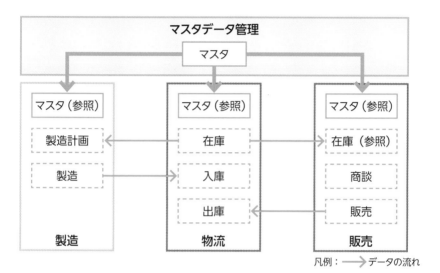

● 図8.2.5　マスタデータ管理システムを用いたデータ連携

■ マスタデータの登録/承認プロセスを考慮する

　上記により、データの整流/清流化は実現できます。しかし、これは今まで個別システムで行っていたマスタデータの登録をマスタデータ管理システムで行うという、業務の見直しが必要になります。

　これまで、データ連携の中でシステムが（正確にはシステム担当者が相当緻密に運用して）整合性を保っていたものが、マスタデータ管理システム上で実施されることになります。

　マスタ登録申請から承認までのプロセスが延びるなどの弊害もあるかもしれません。しかし、マイクロシステム化しデータの整流/清流化が実現できれば、個々の業務の変更を個別システムに反映しようとした際に、企業システム全体の影響を調査するなどの大ごとにならず、素早く改修することが可能となります。

8.3
RULE
56
全社のデータ連携の
あるべき姿を知る

■ データ連携のあるべき姿

　データ連携は、企業全体に対してデータを隅々まで行き渡らせるための重要な機能です。人間の身体でいえばデータ連携は血管に相当し、情報はその中を流れる血液、データは血液を構成する赤血球や白血球です。

　データ連携の肝は、データHUBにあります（図8.3.1）。

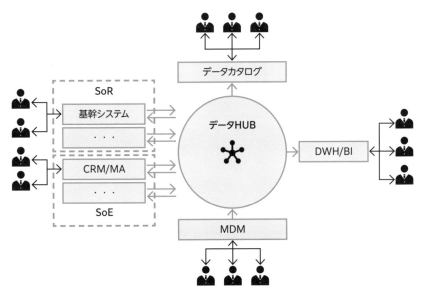

● 図8.3.1　データ連携アーキテクチャ

Point!　データHUBの定義

データHUBとは、複数のシステム間のデータ連携を1箇所で管理するシステム機能をいう。

企業が必要とするデータ（マスタデータ、トランザクションデータ、情報系データ）を1箇所に集めて、欲しいシステムが欲しいタイミングで取り出せる仕組みを持つ。

データ連携がスパゲッティ化するのは、システム間で個別にデータ連携を行うからです（図8.3.2）。

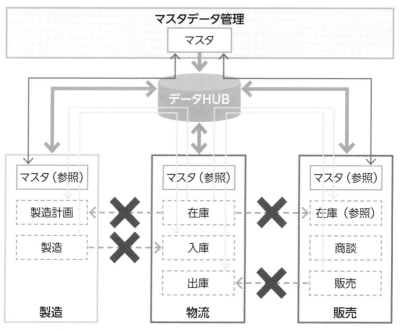

● 図8.3.2　データHUBを用いたデータ連携

　データ連携の整流/清流化を実現するためには、**システム間の個別のデータ連携を禁止し、データHUB経由でデータ連携を行う**ようにすれば良いのです。

57 データHUBの導入を検討する

■ 2つのデータ連携方式

ここではデータ連携方式として2つ紹介します。

1つ目はETL（Extract、Transform、Loadの頭文字の略語）と呼ばれるもので、次の機能を備えています。

Point! ETLの基本機能

- Extract：連携元システムから特定データを抽出する機能
- Transform：一定の規則に従いコード体系やデータ形式（型・桁）の変換・加工を行う機能
- Load：変換・加工のプロセスで作成したデータを連携先システムへ書き出す機能（連携先システムにインポート機能がある場合はそちらを利用する場合もある）

2つ目のEAI（Enterprise Application Integration）は、システム間のデータ連携を目的とした考え方や機能のことを指します。中核には、**8.3（RULE56）**で解説したデータHUBがあります。

両者の特徴は次の通りです。

Point! ETLとEAIのそれぞれの特徴

- ETL：システムから大量なデータを一気に引っこ抜いて、他システムへ投入することに優れている
- EAI：日々の業務データを他システムへつなぐことに優れている

どちらが優れているということではなく、**データ連携の目的に合わせて使い分ければ良い**でしょう。

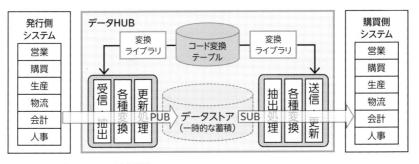

■ データHUBの基本機能

EAIの中核となるデータHUBの基本機能は、図8.4.1の通りです。

● 図8.4.1　データHUBの基本機能

特徴的なのは、PUBとSUBによる非同期型のデータ連携となることです。

Point!　PUBとSUB

- **PUB：Publish（発行する の意）**
  発行側システムから他システムに共有したいデータを抽出し、標準データに変換したうえで、データストアに一時的に保管する機能
- **SUB：Subscribe（購買するの意）**
  購買側システムがデータストアから必要とするデータを抽出し、標準データを自システムのデータ形式に変換したうえで、自システムにデータを更新する機能

■ データHUBのメリット

PUBとSUBの機能のおかげで、発行側システムは購買側システムのコード体系やデータ形式、データ連携タイミングを意識することなく、データを共有することができます（図8.4.2）。

また、購買側システムが増えた場合でも、新たなデータ連携をつくる必要はなく、購買側システムがデータストアに共有されているデータを取っていけば、データ連携が可能となります。

購買側システムからすれば、発行側システムから強制的にデータが連携されてくるのではなく、自分が欲しいタイミングでデータを取得することが可能となります。

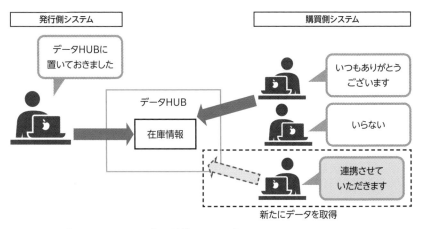

● 図8.4.2　データHUBを用いたデータ連携のイメージ

　他にも、データHUBを導入することでデータ連携の数を抑制できるというメリットがあります（図8.4.3）。

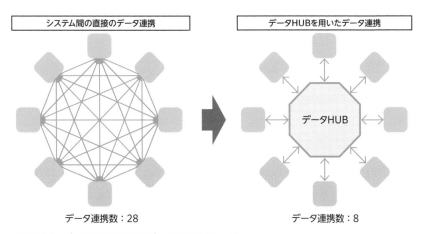

● 図8.4.3　データHUBを用いたデータ連携のイメージ

このようにデータHUBを使ったデータ連携方式は良いこと尽くしなのですが、**実現に向けては2つ大きな壁**があります。

Point!　データHUB導入の必須条件

- 標準データを整備すること
- 標準データとローカルデータの対応表がつくられていること

標準データと変換表の整備がなされていないと、データHUBのメリットは局所的になってしまいます。

その他のデータ連携方式

ETL、EAI以外のデータ連携方式として、ESB（Enterprise Service Bus）があります。

ESBとは、SOA（Service Oriented Architecture：サービス指向アーキテクチャ）に基づいたアプリケーション統合を目指す考え方です。

プロセスを「サービス」という単位に細分化したうえで、サービスどうしを組み合わせることで新たなアプリケーションを構築することを目的としています。

サービスどうしを組み合わせるESBツールは、一般的にバスを介してサービスにアクセスするというバス型の分散処理による疎結合を採用しているため、ハブ＆スポーク型の集中処理を採用しているEAIツールとは異なります。

02
03
04
05
06
07
08
09
10
11

データの標準化を行い、データ連携を統制する

■ データの標準化

データの標準化とは、各システムのローカルデータを全社で使えるようにコード体系やデータ形式（型・桁）を揃えることをいいます（表8.5.1）。

■ 表8.5.1. データの標準化

			システムA	システムB	データHUB（標準データ）
マスタ	組織	会社	会社コード（varchar、3）	会社コード（テキスト、3）	会社コード（varchar、3）
		拠点	支店コード（varchar、5）工場コード（varchar、3）	拠点コード（テキスト、7）	拠点コード（varchar、7）
	取引先	法人	企業コード（varchar、8）	企業コード（テキスト、8）	企業コード（varchar、8）
		組織	企業コード（varchar、8）得意先コード（varchar、3）	取引先コード（テキスト、12）	取引先コード（varchar、12）
	その他	国	国コード（varchar、2）	ISO国コード（テキスト、3）	国コード（varchar、3）
		…			
トランザクション	受注	受注番号	支店コード（varchar、5）受注番号（varchar、5）	受注No（id）	受注番号（varchar、10）
		受注金額	受注金額（decimal、15.0）	受注金額（通貨）	受注金額（decimal、15.0）
		受注日時	受注日時（datetime）	受注午月日（日付）	受注日時（datetime）
		…			

そして、標準データをつくったら、標準データとローカルデータの双方向の変換が可能となるように、変換表も作成しましょう。

■ データの標準化なきデータHUB

8.4（RULE57）で、データの標準化がなされていないとデータHUBのメリットが局所的になると解説しましたが、その理由を見ていきましょう。

データHUBを導入することで、一見美しいデータ連携が実現できたかのように見えます。

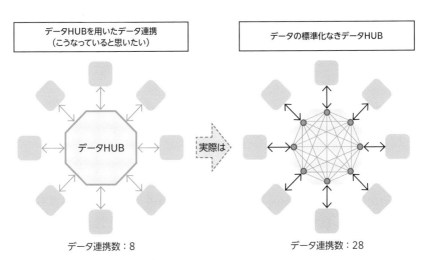

● 図8.5.1　データの標準化なきデータHUB

しかし、データの標準化ができていないと、データHUBの中で、ローカルデータが個別にデータ連携し合う構図は変わらず、システム間で直接データ連携をしていたときと何も変わっていません（図8.5.1）。

これは**部屋を片付けろと言われたので、押し入れに全部押し込んだ**のと変わりません。

■ 標準データを用いたデータHUB

データHUBの本来の思想に則ってデータ連携の整流／清流化を実現するためには、ローカルデータ間のデータ連携をやめさせなければいけません。そのためにも**標準データが必須**となるのです。

標準データがあれば、図8.5.2のようにデータHUBの思想を実現できます。

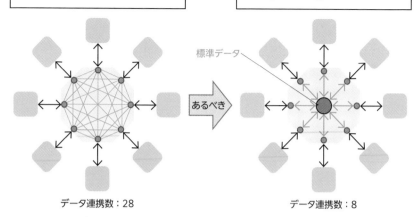

データ連携数：28 データ連携数：8

● 図8.5.2　標準データを用いたデータHUB

■ データを標準化するために必要なこと

データはシステムの違いによって、コード体系やデータ形式が異なるだけではなく、同じ意味なのに呼び名が違う（シノニム：異音同義）、もしくは、同じ呼び名なのに意味が違う（ホモニム：同音異義）場合もあります。

データを標準化するためには、**データの形だけではなく、ビジネス上どのような意味や用途で利用されているのか、データの中身を正しく理解する**必要があります。

この作業は非常に手間がかかります。AIなどが勝手に判定してくれれば良いのですが、データの意味や用途は企業や業務の文化の影響を受けているため、判定が困難です。

地道な作業ではありますが、業務有識者に確認しながら、一つずつ精査していくのが一番の近道となります。

データHUBの副産物

　データHUBを導入することで、データ連携の整流/清流化を実現できることを解説しましたが、もう1つ大きなメリットがあります。

　図8.5.3は、図8.3.1に加筆したものです。そのメリットとは**データカタログ管理に必要なメタ情報を取得できる**ことです。

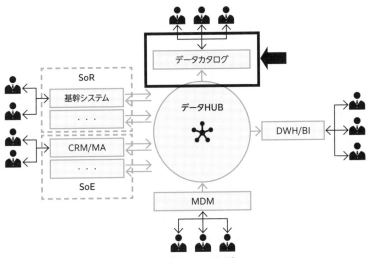

● 図8.5.3　データ連携アーキテクチャ（図8.3.1に加筆）

　データHUBでは、**どのシステムからどのシステムへ、どのようなデータが、どのようなタイミングでデータ連携しているか、というメタデータ**を管理しています。

　データ連携されるデータは業務を横断して利用される**共用性が高いデータ**であり、データ活用の際にも有益なデータとなります。

　データ連携システムを導入した副産物として、データ活用に利用可能なメタデータを取得することができるのです。

8.6
RULE
59 データ活用のための
データ連携を実現する

■ データ活用を意識したデータ連携

8.5（RULE58）まで、全社規模のデータ連携について解説してきましたが、ここからはデータ活用基盤の範囲に絞って補足します。

データ活用基盤のデータ連携管理機能は、図8.6.1のように少しアーキテクチャが複雑になり、「データ変換機能」と「データ保管機能」に分けて管理されます。

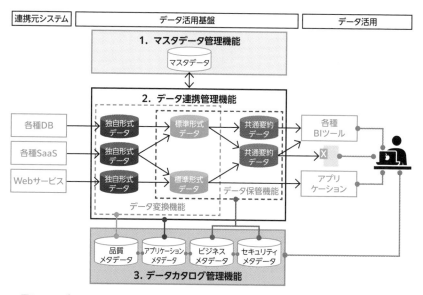

● 図8.6.1　データ活用のためのデータ連携管理機能

■ データ変換機能

データ変換機能とは、これまで解説してきた**データHUBと同等の機能**になります。データを一時的に保持できれば良いため、「オペレーショナルデータストア（ODS）」として実装されることが多いです。

Point! データ変換機能

連携元システムに存在するさまざまなローカルデータを受領して、全社で使われる標準データに変換し、データ保管機能へデータを提供します。

データ変換機能は、さらに2つのエリアに分かれてデータを管理します（表8.6.1）。

■ 表8.6.1　データ受領エリアとデータ提供エリア

名称	特徴
データ受領エリア	・ローカルデータを一定期間（短期間）保持します ・受領したローカルデータのバリデーションチェック（データの型・桁、および、しきい値のチェック）を行い、データの品質を測定します
データ提供エリア	・標準データへの変換・加工を行います ・標準データを一定期間（比較的短期間）保持します

■ データ保管機能

データ保管機能は「DWH（データウェアハウス）」として実装されることが多く、**データ連携管理機能とは別の機能として管理されること**が多いですが、本書ではデータ活用基盤という視点から、データ連携管理機能の中で解説します。

Point! データ保管機能

データ変換機能から受領した標準データを長期間管理します。必要に応じて、データ活用のためにさらに標準化されたデータを加工し、管理します。

データ変換機能との**大きな違いはデータの保持期間**です。データ変換機能は標準データへの変換と提供を目的としているため、データ保持期間は短期間となります。一方、データ保管機能は、データ活用のための標準データの保持を目的としているため、データ保持期間は長期間となります。

■ データ連携管理機能内のデータの変遷

　連携元システムから連携されたローカルデータがどのように管理されていくのか、データの変遷を見ていきましょう（表8.6.1）。

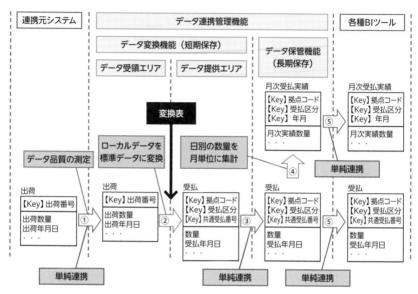

● 図8.6.2　データ連携管理機能内のデータの変遷

①連携元システムから連携されたローカルデータは、データ受領エリアでローカルデータのままコピーされ、短期保存されます。その際にデータ品質を測定します。

②データ受領エリアにあるローカルデータは、標準データとローカルデータの変換表をもとに、標準データへと変換され、データ提供エリアで短期保存されます。

③データ活用の用途に必要なデータは、データ保管機能に連携され、長期間保存されます。

④データ活用のためにさらに標準化されたデータが必要な場合は、データ保管機能の中で加工され、加工前のデータと共に長期間保存されます。

⑤各種BIツールには、データ保管機能に格納された標準データを適宜連携し、必要に応じてデータ活用を実施します。

■ データ連携管理ツールの導入

　これまで見てきた通り、**データ連携管理機能を自前で構築するのはかなり困難**です。すでに多くのベンダーからデータ連携管理ツールが提供されていますので、こちらを活用するのが経済的といえます。

　機能面でいえば、単純なETLツールから高度な機能を有したEAIツールまで多種多様です。価格も機能の充足度に応じて、ピンからキリまであります。

　最近はサブスクリプションモデルでの提供も増えています。いきなり高度な機能を有したEAIツールを導入しなくても、まずは手軽に始めて、**必要な機能が見えてきたタイミングで、より高度な機能を有したデータ連携管理ツールに乗り換える**など、自社のデータ活用レベルに応じて、臨機応変に対応するのが、一番賢い選択だと思います。

データ連携管理ツールの乗り換えは可能か？

データ連携管理ツールのミニマムな機能は、From-ToのFromとToに相当するデータとそれらの間の変換ロジックの管理と処理の実行になります。

ここをしっかりと管理できていれば、乗り換えはさほど難しくないと思います。

もちろん、いきなり全面乗り換えができるケースは少なく、綿密な計画を立て、徐々に移行していく必要がありますし、移行の結果、不備はないかの検証も必要にはなります。

それでも「せっかく導入するならば良いものを」という一心で、高付加価値な高額なデータ連携管理ツールを採用されたが、結局、標準的な機能しか使いこなせていない多くの企業を見ると、「まずはスモールスタートで」地に足がついたデータ連携を実現することから始めた方が良いと思います。

そして、必要な機能が明確にわかってから、その機能を有するデータ連携管理ツールにアップグレードすれば良いと思います。

第 **9** 章

データカタログ管理

DX時代のデータ活用は、個人の技量だけではなく、企業のデータ活用ナレッジの蓄積・共有による総合力がものをいいます。

そのためには、他者のナレッジを蓄積・共有し、誰もが閲覧可能な状態をつくり出すことが肝要です。それらのナレッジはデータカタログとして管理されます。本章では、データカタログとして管理すべき内容について解説します。

RULE 60 データカタログとして 何を管理すべきかを知る

■ データカタログとは

　最近「データカタログ」という言葉を耳にする機会が増えてきました。大量のデータを扱うために、データカタログが必要だね、ということは大方一致している見解ですが、データカタログで何を管理するか、という話になると、人によって解釈がまちまちです。

　データカタログとは、読んで字の如く「データ」の「カタログ」です。「カタログ」自体も言葉の定義があいまいなところがありますが、本書では「データカタログ」を次のように定義します。

Point! データカタログの定義

管理対象範囲のすべてのデータの特性※が、一定の規則性をもって管理されており、求めるデータにスピーディーに辿り着くために、インデックスやタグが付与されており、かつ、検索や照会画面のユーザビリティが高められているシステム機能およびドキュメントの総称をいう。

※　名称や意味、仕様（型／桁など）、業務上の管理目的／理由、作成や更新／削除した日時や担当者、データ連携されている場合は連携前後の関連データやタイミング、データの品質やアクセス権限など

　今の時代、必要な情報がただ管理されているだけでは不十分です。ビジネスサイドのデータ活用を推進するためには、検索性やユーザビリティも非常に重要な要件となります。

■ データ活用の推進に必要な情報

　6.1（RULE33）の図6.1.3にて、データ活用上の課題と解決策を解説しましたが、その解決策の多くは、**データ活用を推進するうえで必要となる情報を適切に管理しましょう**、ということです。

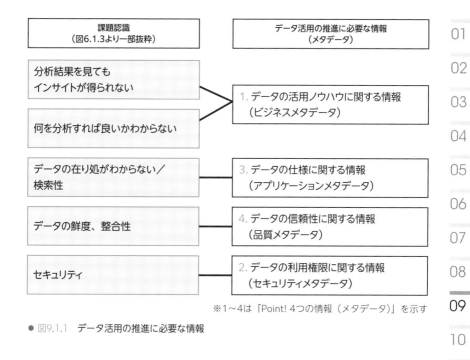

● 図9.1.1　データ活用の推進に必要な情報

　データ活用の推進には、図9.1.1に示す4つの情報が必要となります。4つの情報では、次の内容を管理します。

Point!　4つの情報（メタデータ）

1. データの活用ノウハウに関する情報（ビジネスメタデータ）

- どんな業務目的で、どんなアウトプットを期待しているのか？
- 活用データはどのような内容か？

2. データの利用権限に関する情報（セキュリティメタデータ）

- その活用データは、誰が利用できるのか？

3. データの仕様に関する情報（アプリケーションメタデータ）

- データ活用基盤内にどんなデータが格納されているのか？
- それぞれデータ間の関係はどのようになっているのか？

4. データの信頼性に関する情報（品質メタデータ）

- どれくらい信用できるデータなのか？

■ データカタログで管理すべき情報

データカタログ上では、表9.1.1に示す情報を管理する必要があります。

■ 表9.1.1 データカタログで管理すべき情報

メタデータ	情報名	概要
ビジネスメタデータ	①情報要求定義情報	データ活用者からの依頼をもとに、どんな業務目的で、どんなアウトプットを期待しているのかを整理した資料
	②活用データ情報	データ活用者に提供する活用データの情報（データ活用時の検索に用いる） ・類似活用データの作成を抑制、もしくは作成時間の短縮も目的としている
セキュリティメタデータ	③セキュリティレベル情報	活用データのセキュリティが侵害された場合のリスクから業務の影響度を評価した資料
	④ユーザアクセス権情報	活用データに対する、アクセス可能なユーザとアクセス権の情報 ・論理/物理名、型・桁などリバースエンジニアリングによって取得
アプリケーションメタデータ	⑤テーブル定義情報	データ活用基盤内の各テーブルの定義情報を一覧化した資料
	⑥データ連携情報	連携元システムからデータ活用基盤、最終的にBIツールまでのデータの流れを整理した資料 ・データが信頼できるシステムから取得されたか、データ加工経路が妥当かを判断する際にも使用する
品質メタデータ	⑦データ品質測定情報	データ品質が適正かどうかの測定結果（一般的にはDQツールを利用） ・正確性、一貫性、一意性、など

図9.1.2に示す通り、それぞれの情報は関係し合います。

9.2（RULE61）以降では、それぞれのメタデータとデータカタログで管理すべき情報について解説します。

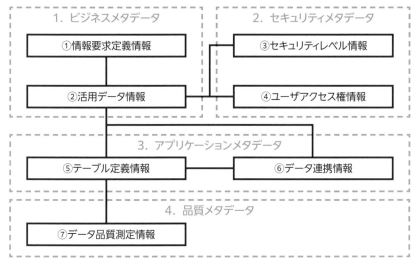

● 図9.1.2　データカタログで管理すべき情報間の関係

COLUMN

メタデータとデータカタログ

　メタデータとは、「**データを管理するためのデータ**」です。

　古くからある言葉であり、システムに格納されているデータの型・桁、導出ロジック、作成／更新日付や担当者などの情報が管理されてきました。

　最近では非構造化データ（画像、SNS投稿、IoT機器からのセンサー情報など）のメタデータも管理され始めています。

　　例：SNS投稿であれば、投稿日、投稿者、投稿場所、ハッシュタグなどの情報
　　を管理

　また、システム的な管理項目だけではなく、業務におけるデータの管理目的や利用用途などもメタデータとなります。

　これまでメタデータは、ITサイドがシステム保守／運用を目的に管理してきたため、管理項目がシステム的なものに限定されていました。

　データカタログは、メタデータの利用者をビジネスサイドにも広げ、どのようなデータが社内にあるのかの検索を容易にし、そのうえでデータの詳細をわかりやすく説明するための仕組みなのです。

ビジネスメタデータを管理する

■ ビジネスメタデータとは

ビジネスメタデータは、データの活用ノウハウに関する次の2つの情報を管理します。

- 情報要求定義情報
- 活用データ情報

これらの情報を管理する目的は、**他者とデータ活用ノウハウを共有すること**で、**不要な試行錯誤を減らし、業務目的を最短で達成すること**です。かつ、**データの管理コストを削減すること**でもあります（後述の「COLUMN：データに対するコスト意識が重要」を参照のこと）。

◆ 情報要求定義情報

情報要求定義情報（表9.2.1）は、データ活用者からの依頼をもとにどんな業務目的で、どんなアウトプットを期待しているのかを整理したドキュメントです。

データ活用者とデータスチュワード、データアーキテクトの三者で、この情報をもとに、具体的な活用データ情報のアウトプットイメージをつくり上げていきます。

■ 表9.2.1.情報要求定義情報（サンプル）

No	情報要求名称	情報要求内容	業務目的	要求年月日	要求者	活用データ
1	店舗における顧客の行動パターンと購入実績の相関把握	店舗における顧客の商品選択行動と実際の商品購入実績を把握。ポイントカードを使って、顧客の属性も加味して分析できるようにする。	売上増につなげるための商品配置の実現	2021/8/8	小川　康二	顧客行動・購買履歴データ
2	・・・	・・・		・・・	・・・	・・・

◆ **活用データ情報**

活用データ情報（図9.2.1）は、データ活用者に提供する**活用データの情報**です。

【名称】 顧客行動・購買履歴データ

【説明】 店舗における顧客の行動パターンにおいて1.5秒以上停止した箇所の商品棚の情報を取得。実際にレジにて購買した商品データをマッチング。ポイントカード使用時は顧客の属性データを取得する。

【タグ】 顧客 購買 店舗 行動パターン

顧客C	顧客名称	郵便番号	住所	電話番号	社員C	与信限度金額	受注先F	仕入先F	最終更新日
TBK001	ツバキ金属	101-0011	東京都中央区日本橋…	03-1212-XXXX	1212	¥1,000,000	1	1	20211023
OGA001	オガワ商事 資材部	104-4431	東京都千代田区神…	03-9898-XXXX	3232			1	20210505
HRI001	ホリコシ商事	299-1122	千葉県船橋市… 船橋ビル2階	047-434-XXXX	1232	¥1,500,000	1		20110422
STO001	サト一物産	232-4311	神奈川県鎌倉市…	047-4343-XXXX	1232	¥2,000,000	1		20130406
HOY001	HOYA鉄鋼	343-4567	福岡県久留米市本町…	012-232-XXXX	5454				20101010
KGN001	大谷 太郎	123-1212	山口県下関市本町…	0981-43-XXXX	7097	¥1,500,000	1		20110204
TUB001	ツバキ金属	101-0011	東京都中央区日本橋…	03-1212-XXXX	3456	¥1,000,000	1	1	20201202
SMR001	志村鉄鋼所	132-4343	東京都品川区荏原…	053-2922-XXXX	8939			1	20210523
HIR001	廣田工務店	132-3211	東京都世田谷区中央…	03-5828-XXXX	7621	¥1,000,000	1		20110524
CHK001	茶木金属 薄板部	135-4343	東京都渋谷区宇田川町…	03-8588-XXXX	8939	¥900,000	1		20210525

● 図9.2.1 活用データ情報（サンプル）

活用データ情報に次の3つの工夫を施すことで、組織のデータ活用の活性化を期待できます。

Point! 活用データ情報の3つの工夫

1. 更新日情報の付与

データは刻一刻と変化します。いつ時点のデータなのかがわかるように、活用データ情報にも付与しておきましょう。

2. 実レコード値の参照

活用データの名称や説明が多少わかりにくくても、実際にどのようなデータが管理されているのかを見れば、一目瞭然で内容が把握できます。

3. タグの付与

データ活用者が、求めるデータにスピーディーに辿り着けることが、組織のデータ活用の活性化を左右します。活用データの内容に合わせて、タグを付与してあげましょう。

セキュリティメタデータを管理する

■ セキュリティメタデータとは

セキュリティメタデータは、**データ活用に伴い発生しうるセキュリティリスクを削減させるために**、次の2つの情報を管理します。

- セキュリティレベル情報
- ユーザアクセス権情報

データセキュリティでは、次の3つの要素が重要です。

Point! データセキュリティの3つの要素

1. 機密性
当該データへのアクセスを認められた者だけが、そのデータにアクセスできる状態を確保すること

2. 完全性
当該データが破壊、改ざん、消去されない状態を確保すること

3. 可用性
当該データへのアクセスを認められた者が、中断されることなく、そのデータにアクセスし続けられる状態を確保すること

この3つの要素のバランスを取りながらセキュリティを確保すると共に、**データ活用者の利便性との両立を図る**必要があります。

データの経済的な価値が高まるにつれてサイバーセキュリティ犯罪も増加しています。今一度、**データを企業の重要な資産として認識し、適切なデータセキュリティ対策**を講じましょう。

◆ セキュリティレベル情報

本書執筆時点で、セキュリティレベル情報に標準化された基準はありませ

んが、考え方はシンプルです。図9.3.1に示すように、該当データの**データセキュリティの3つの要素が侵害された場合のリスクを評価**します。つまり、対象データが第三者に不正アクセスされ、破壊、改ざん、消去される、もしくは、アクセスが中断された場合の経営リスクを評価します。

　顧客や社員の個人情報や非公開の事業計画情報の場合は、経営リスクは甚大となります。そういった情報を事前に洗い出し、高いセキュリティレベルを要するデータとして管理します。

　セキュリティレベルは、社員情報という情報（データの集合体）に対しても、社員情報の中の生年月日や住所、電話番号など、個々のデータに対しても管理が可能です。

情報	機密性	完全性	可用性	セキュリティレベル
法人情報	B	B	B	12
顧客情報	A	A	A	18
従業員情報	A	B	B	14
仕入先情報	B	B	A	14
販売情報	A	B	A	16
購買情報	B	B	A	14

レベル	内容	評点
A	・経営リスクそのもの ・業務効率を大きく妨げる	6
B	・経営リスクにつながる ・業務効率を妨げる	4
C	・経営リスクは限定的	2
D	・影響なし	0

● 図9.3.1　セキュリティレベル情報（サンプル）

◆　アクセス権情報

　アクセス権情報とは、どの情報やデータに誰がアクセス可能かを管理する情報です。基本は、ユーザに対して、次の内容を設定します。

- アクセスできる情報の範囲（どのテーブルを参照できるか）
- アクセス先で実行可能な処理（閲覧のみか、更新や削除が可能か）

　ただし、**データ活用基盤においては、データや情報に対する更新や削除は認めないほうが良い**です。連携元データとの乖離が発生し、データの整合性が取れなくなってしまうからです。

アプリケーションメタデータを管理する

■ アプリケーションメタデータとは

データ活用基盤に**どのようなデータが管理されているかを明らかにする**ために、アプリケーションメタデータは次の2つの情報を管理します。

- テーブル定義情報
- データ連携情報

データ活用基盤では、連携元システムから該当データを連携し、データの標準化を行い、活用データをつくるために加工を行います。

これら**一連の処理ロジックと連携・加工されたデータを、プログラムや設定ロジックの解析によって取得する**ようにしましょう。最近のETLやEAIツールの機能には、これらのメタデータの管理も含まれています。**データ連携管理ツールをうまく活用することで、人手による管理を極力減らし**、常に最新状態のアプリケーションメタデータを管理することが可能となります。

◆ テーブル定義情報

図9.4.1にテーブル定義情報のサンプルを示します。ITサイドにはごく一般的なドキュメントとなりますが、**ビジネスサイドの担当者も参照することを念頭**に置いてください。

単純なテーブルやカラムの定義だけではなく、このテーブルやカラムの**業務的な意味を詳細に記載することが重要**です。特に**マスタデータの範囲や粒度、トランザクションデータの金額や日付の考え方**などが重要になります。また、**区分類コードの値事例**も業務理解を助けます。

No.	項目名 (論理項目名)	カラム名 (物理項目名)	PK	AK	FK	型	桁	ドメイン名	デフォルト値	NULL	データ制約 (導出その他)	値	備考
1	ポイントカード番号	pocid	○			varchar2	9	ポイントカード番号		不可			
2	顧客CD	cuscd			○	varchar2	9	顧客コード		不可			
3	発行店舗CD	strcd			○	varchar2	6	店舗コード		不可			
4	発行担当者CD	tancd			○	varchar2	9	担当者コード		不可			
5	発行日時	adddt				date		日時	SYSDATE	不可			
6	有効期限	effdt				date		日時		不可			
7	更新回数	updnm				number	10.0	回数	0	不可			
8	電話番号	tokt1				varchar2	20	電話番号					
9	今回ポイント	cupit				number	10000.0	数	0				
10	今回ポイント加算日	cupdt				date		日時					
11	前回ポイント	bfpit				number	10000.0	数					
12	前回ポイント加算日	bfpdt				date		日時					
13	累計ポイント	alpit				number	10000.0	数			=cupit+bfpit		
14	退会フラグ	ccflg				char	1	フラグ	0			"0":- "1":退会	
15	退会年月日	ccldt				date		日時					

（システム名：基幹システム　エンティティ名（論理名）：ポイントカード　更新者：DRI小川　更新者：DRI小川
サブシステム名：販売支援システム　テーブル名（物理名）：mpoc　更新日：2021年8月8日　更新日：2021年8月8日
テーブル説明：販売促進、購買実績情報の取得を目的としたポイントカードを管理する。前回までのポイントと今回加算されたポイントを合算し累計のポイント残高を管理する。退会時はフラグを立てるがレコードは削除しない。）

● 図9.4.1　テーブル定義情報（サンプル）

◆ データ連携情報

データ連携情報は、**データリネージ（系統）図と呼ばれる**こともあります。

連携元システムからデータ活用基盤、最終的にBIツールまでのデータの流れを整理したドキュメントとなります。図9.4.2にサンプルを示します。

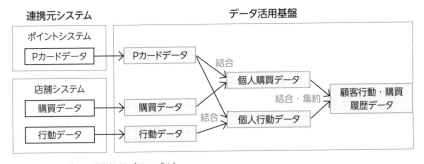

● 図9.4.2　データ連携情報（サンプル）

データが信頼できるシステムから取得されているか、データの加工経路が妥当なのかを判断する際にも使用します。

最近のデータ連携ツールやデータウェアハウスでは、データ活用基盤内のこれらのデータの流れや加工を管理することができますので、それらの情報をうまく活用しましょう。

■ アプリケーションメタデータの管理範囲

　図9.4.2のデータ活用基盤上にある青色の箱すべてに対して、テーブル定義情報を作成してください。これによりデータ活用基盤にどのようなデータが管理されているかを説明することが可能となります。

　連携元システムのデータの管理は、可能なら行ってください。

　ただし、優先順位はデータ活用基盤上のデータのほうが上です。データ活用基盤には、企業横断でデータ活用を推進したいデータが連携されています。逆にデータ連携基盤に連携されてこないデータは、個別の業務に閉じたデータである可能性が高いです。

　企業の中には膨大なデータがあります。これを総花的に管理しようとするとやりきれなくなります。たとえ一度はやりきったとしても、継続して管理することができるでしょうか？

　すべてのデータをきれいに管理されることは理想的ですが、データを管理するにはコストがかかります。少ない投資で大きな成果が達成できるように、しっかりと計画を立てましょう。

Point!　データはタダではない

- 企業が扱うデータは、ビジネスを通して得られるケースと外部から購入してくるケースがありますが、どちらにせよ、データを取得するにはコストが発生します。

- データを適切な品質に維持するためには、営業部門が顧客に確認を行う、または、マーケティング部門がアンケートを取る、定期的にデータの棚卸を行うなど、コストがかかります。

- 簡単な活用データを1つつくるだけでも、実は裏で多くのヒトが連携し合い、データの変換やデータ値の補足などの作業が必要となり、想定以上にコストがかかります。

データに対するコスト意識が重要

　データがバーチャルな存在のため実感が持ちにくいせいか、多くのビジネスパーソンは、**データに対するコスト**意識が**希薄**である、と言わざるを得ません。

　これまでデータはビジネスの副産物（ビジネスの結果をデータとしてシステムに登録するだけ）として扱われてきましたが、**これからはデータがビジネスを創造するトリガー**に変化していきます。

　データはタダではありません。むしろ高価です（肉でいえば、鶏肉＜豚肉＜牛肉のうち、牛肉に相当します）。

　どのデータを管理、発展させていくかは、企業のデータ戦略にかかってきます。**データに対するコスト意識を持って、より投資価値が高いデータに投資する**ようにしましょう。

64 品質メタデータを管理する

■ 品質メタデータとは

活用データの品質を測定し、データが活用するに値する品質を持っているかをチェックすると共に、低品質の場合はデータ品質の改善活動につなげるために、品質メタデータは次の情報を管理します。

● データ品質測定情報

データ活用基盤におけるデータ品質の測定は、図9.5.1に示す**データ受領エリア**で行います。

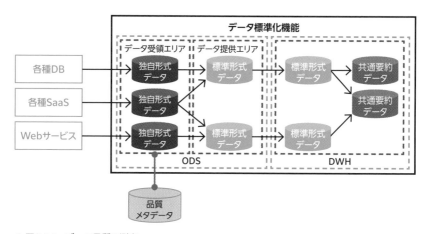

● 図9.5.1　データ品質の測定

このタイミングで低品質なデータは除外、クレンジング、もしくは改善活動を実施するようにしましょう。データの品質は、データの作成時にほぼ決定します。汚れたデータを元に加工を繰り返せば、汚れ度合いはさらに悪化してしまいます。

クリティカルデータエレメント

何度も述べていますが、企業が扱うデータは膨大です。そのため、すべてのデータの品質を測定することは、現実的に難しいです。

まずは 図9.5.2に示すように、データへのアクセス度合いと質的調査から**「クリティカルデータエレメント（CDE：Critical Data Element：業務上の意思決定に重要なインパクトを与えるデータの意）」を決定し、データ品質測定の優先順位づけ**を行いましょう。

テーブル	データ	活用データ				評点	優先度
		引合情報	購入情報	納品情報	入金情報		
取引先	取引先CD	A	A	A	A	24	1
	取引先名称	A	A	A	A	24	1
	与信	A	C	D	D	8	3
	法人個人区分	C	C	D	D	4	-
	住所	C	C	A	D	10	3
	連絡先	A	A	B	B	20	2
	口座	D	C	C	A	10	3

ランク	内容	評点
A	・経営リスクが大きい ・業務効率を大きく妨げる	6
B	・業務効率を妨げる一要素	4
C	・参考に利用されるので、品質エラーは迷惑になる	2
D	・影響なし	0

● 図9.5.2　CDEの決定と優先順位づけ

データ品質の測定指標

CDEに対して、どのようなデータ品質の測定を行うか、**データ品質の測定指標**を決める必要があります。

データ品質の測定指標は、テーブル定義書に記載された型・桁や、コード値、データ制約（＝ビジネス上のルール）を参考に決定します。

データ品質の測定は、アプリケーションメタデータと実データ値が対象となります。型がテキスト型と数値型の場合では、測定指標も変わりますし、同じ数値型の場合でも、商品単価と販売金額で異なります。

データを一つひとつ見て、データ品質の測定指標を決定してください。

表9.5.1に示す通り、完全性といっても、実際のデータ品質の測定では充足率やNull数、Nullの分布率などの数値で表現されます。数値からデータ品質を読み取る能力が必要となります。また、整合性のように測定値が数値で表せられないケースもありますので、多面的な見方でデータ品質を測定するようにしてください。

01 02 03 04 05 06 07 08 09 10 11

No	データ品質の 測定指標	定義	測定方法、測定に使う情報	測定対象
1	完全性 (Completeness)	必要なデータが すべて存在するか？	・実データが空白（Nullまたは空の文字列） 　の数、または空白でない値の数、その分布	実データ
2	有効性 (Validity)	データに有効な値が 登録されているか？	・データが定義内容（型・桁、有効な値のセ 　ットや範囲、値の導出ロジック）に準拠して 　いる（または準拠していない）割合	実データ
3	正確性 (Accuracy)	データが現実世界を 正しく表しているか？	・「正しい」と定義したデータ（第三者機関の 　データなど）との値の一致／不一致の割合 　例：社内の顧客企業名と、帝国データバン 　クの企業名の比較	実データ
4	妥当性 (Reasonability)	前提に対して結果が 適切か？	・ベンチマーク対象となる公的な集計結果や、 　過去の測定結果をもとに期待するデータパタ 　ーンを定義し、実データがそのデータパタ 　ーンに沿っているかを確認する	実データ （サマリ）
5	一貫性 (Consistency)	データの登録内容に 一貫性があるか？	・複数のデータ項目／レコード／データセット／ 　データベース間で、値や定義が一致する割 　合	実データ メタデータ
6	一意性／重複排除 (Uniqueness/ Deduplication)	同じデータが複数 登録されていないか？	・キー項目（決定条件）の構造が適切か、キ 　ーの値が重複せず、それぞれが異なる対象 　を指しているか	実データ メタデータ
7	整合性 (Integrity)	データセット間の 関係性が適切か？	・データセット間のカーディナリティが定義に沿 　っているか、参照整合性が取れているか、 　の割合	実データ
8	適時性 (Timeliness)	データが利用可能に なるまでの時間	・現実に発生したイベントがデータベースにデ 　ータとして登録され、利用可能になるまでの 　所要時間と、本来どれだけの時間で利用可 　能になるべきなのかの定義の差	実データ

■ データ品質の目標値

　測定した結果が所定の品質を満たしているかどうかを判断するためには、測定前に**目標値**を決めておく必要があります。一般的なデータ品質測定ツールでは、目標値を超えているかどうかで警告を出します。

　目標値が高過ぎれば、多くのデータで警告が出され、逆に低過ぎれば品質の悪さに気づくことができません。

　測定と結果を繰り返し確認し、適切な品質測定ができるようにチューニングを行ってください。

■ データ品質測定情報

データ品質測定情報のサンプルを図9.5.3に示します。

テーブル名		連携元システム名		期間		レコード数		
顧客		販売支援システム		2021年7月1日～7月31日		1495776		

品質管理対象データ	型	桁	完全性			有効性						正確性
			充足率	Null数	Nullの分布	コード値	コード値の分布	パターン数	最小長	最大長	・・・	・・・
店舗コード	文字列	4	100	0	0	129	0.009	4	4	4	・・・	
お客様No	文字列	12	100	0	0	1,281,382	85.667	367	1	12	・・・	
お客様名	文字列	20	100	15	0.001	1,049,698	70.177	75	1	13	・・・	
お客様カナ名	文字列	10	100	5	0.001	855,675	57.206	1113	1	10	・・・	
住所1	文字列	20	100	25	0.002	523,305	34.986	41	1	13	・・・	
住所2	文字列	20	93.3	100,678	6.731	501,474	33.526	117	1	17	・・・	
住所3	文字列	20	13.8	1,289,704	86.223	100,608	6.726	58	1	19	・・・	
電話番号	文字列	12	87.8	182,958	12.232	1,052,678	70.377	185	1	12	・・・	
生年月日	文字列	8	59.7	602,176	40.258	28,020	1.873	2	8	8	・・・	
ポイントカード会員NO	文字列	14	23.7	1,140,901	76.275	297,077	19.861	26	1	14	・・・	
携帯電話番号	文字列	13	50.2	745,281	49.826	635,106	42.46	99	1	13	・・・	
メールアドレス	文字列	50	1.9	1,467,049	98.079	23,455	1.568	11536	1	50	・・・	

● 図9.5.3　データ品質の測定指標

■ データ品質の改善策

低品質なデータが発見された場合は、低品質になっている原因を調査・特定し、次の改善策を講じてください。

- 登録時のバリデーションチェック（入力されたデータがデータ定義に即しているかのチェック）の強化
- 登録担当者への指導・教育

■ データ関連の法規制

EUのGDPR（General Data Protection Regulation：一般データ保護規則）、米州のプライバシー関連法案、中国のデータセキュリティ法など、各国でデータに関する規制が激しさを増しています。

自由な経済活動が脅かされるだけではなく、データの持ち出しには大きな罰金が科せられます。これらのデータ管理の法規制は、企業活動に大きな影響を及ぼしますので、必ずチェックするようにしましょう。

9.6

RULE

65 データカタログを中心とした
コミュニケーションを実現する

■ データ活用をテコに、データ駆動型経営へシフトする

データ活用を考えるとき、何をつくるか、どのようにつくるかにばかり目がいきがちです。

しかし、DXに求められるデータ活用では、組織全体がデータに価値を見出し、データから新たな気づきを得て、新規ビジネスを創出することに意味があります。

個人の技量だけではなく、企業のデータ活用ナレッジの蓄積・共有により組織全体の総力を高めることで、データ駆動型経営へのシフトが実現できるのです。

■ データカタログの役割

皆さんの会社で画期的な商品やサービスを開発するために、企業の総力を尽くしたとします。できあがった商品やサービスは、企業の現在の成熟度を反映していることでしょう。

同じように、**データ活用は企業のデータマネジメントの成熟度を表しています**（第3章の章末に掲載した「COLUMN：データマネジメントはどこを目指せば良いのか？」を参照のこと）。

商品やサービスを開発するのと同様に、活用データを提供するためには、多くのステークホルダーが関与します。データ活用を推進するためには、これらのステークホルダーが同じゴールに向かって、一直線に走り続けることが重要です。

そのためには、**円滑なコミュニケーションが不可欠**です。そして円滑なコミュニケーションを実現するためには、その土台となる**共通認識が必須**となります。

データカタログには、**コミュニケーションの土台となる共通認識に資する情報が記載されている**のです。

■ データカタログを中心とした業務プロセス

データ活用を推進するためには、データカタログを用いて、どのようにコミュニケーションを行うべきか、業務プロセスを考える必要があります。

データカタログを中心とした業務プロセスのイメージを、図9.6.1に示します（後掲）。

業務プロセスの作成には、ステークホルダー、管理ドキュメントとその記載ルール、そして、ドキュメントの作成/更新タイミングなどを定義する必要があります。

図9.6.1をテンプレートとして、皆さんの**会社の事情に合わせて業務プロセスを設計**してください。

COLUMN

データ品質管理の落としどころ

データが現実世界を極めて正確に写像していることが望ましいですが、本当にそこまでのデータ品質が求められるのでしょうか？

データ品質を90%から95%に上げるためには、調査のためにヒトが動いたり、アンケートを取ったり、場合によっては、情報システムをつくったりと、**相当のコストがかかります**。

業務で求めるデータ品質の程度は、**9.5のRULE64**の中で紹介したクリティカルデータエレメントを定義し、事前に**許容範囲を設定**しておくことをおすすめします。

どのデータの品質を高めるかも、データ戦略の1つです。ミニマムなコストで効果を最大化できる施策を検討しましょう。

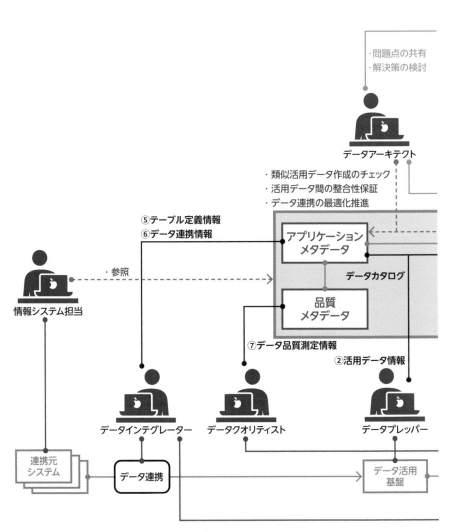

・問題点の共有
・解決策の検討

データアーキテクト

・類似活用データ作成のチェック
・活用データ間の整合性保証
・データ連携の最適化推進

⑤テーブル定義情報
⑥データ連携情報

アプリケーション
メタデータ

データカタログ

・参照

情報システム担当

品質
メタデータ

⑦データ品質測定情報

②活用データ情報

データインテグレーター

データクオリティスト

データプレッパー

連携元
システム

データ連携

データ活用
基盤

● 図9.6.1 データカタログを中心とした業務プロセス

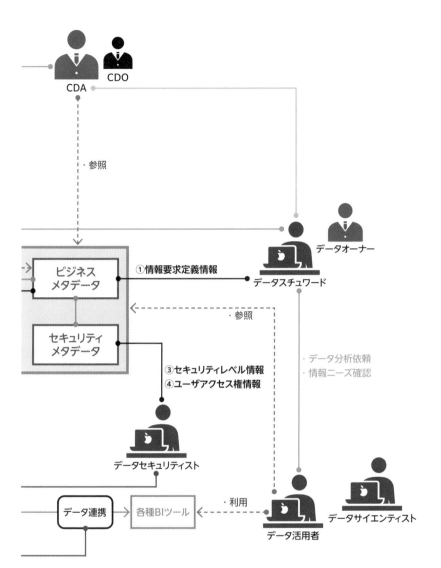

第10章

データマネジメントを
支えるスキル

データモデリングは「データのきれいな状態をつくる
活動」であり、データマネジメント活動の必要条件で
す。

第10章ではデータモデルとは何か、なぜ必要なのかと
いった考え方から、作成方法まで一通り解説します。
データ活用を推進するのに、なぜデータモデリングの
スキルが求められているのか確認し、データモデルの
作成方法の要点を掴んでいきましょう。

66 データモデルについて理解する

■ データモデルとはデータの地図

データモデルとは、企業のデータの在り処を示す地図です。

データ活用者がどんなデータがあるのかを把握するのに使ったり、関係者間でコミュニケーションする際の地図として使ったりします。

■ データモデルは5Sの整理・整頓・清掃にあたる

5Sという言葉をご存知でしょうか。5Sは製造業・サービス業の職場環境の改善活動で用いられる言葉で、整理、整頓、清掃、清潔、躾の5つのS（ローマ字での頭文字）から取っています。

データマネジメントの活動を5Sに当てはめると、データモデルの位置付けがわかりやすくなると思います。

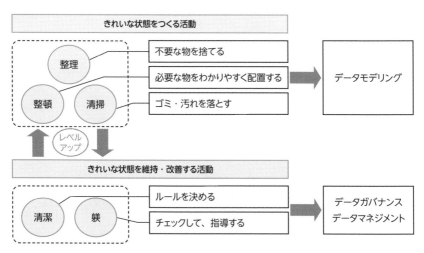

● 図10.1.1　5Sとデータマネジメント活動の関係

図10.1.1の通り、データモデリング（＝データモデルを作成する過程）は、

きれいな状態をつくる活動で、データの整理・整頓・清掃を担っています。データガバナンスはルールを決める清潔、データマネジメントはチェックして指導する躾に対応し、いずれも**きれいな状態を維持・改善する活動**となります。なお、躾は強制や押し付けることではなく、みんなで文化をつくることです。整理⇒整頓⇒清掃⇒清潔まで取り組んだ結果として、自然と文化として根付くように教育でサポートしたり、技術支援しながら関係性を構築したりするイメージです。

　データの整理・整頓・清掃について、もう少し解説します。

　データモデリングでは、データの持つ意味に着目して、類似データの統合、冗長データの排除、不要データの削除などを行い、構造化します。構造化したら、データを定義（意味説明、データ型・桁など）し、データ定義に合わない値を特定し、正していきます。

　これらを5Sに当てはめると、データの**統廃合は整理、構造化は整頓、値の整備は清掃**にあたります。

■ データモデルの意義は何か？

　データモデリングは「きれいな状態をつくる活動」であり、データガバナンス、データマネジメントはデータモデリングが生み出した「きれいな状態」を「維持するための活動」と定義できます。

　つまり、データモデリングを行わなければ「きれいな状態」にすることはできないのです。

Point!　データの置き場がないと何も始まらない

モノの置き場があって初めてモノの置き場を維持する活動があるように、データの置き場（＝在り処）がないと、データマネジメントもデータガバナンスも始まらないのです。

◆ データモデリングはデータマネジメント機能の共通スキル

　マスタデータ管理、データ連携管理、データカタログ管理は、いずれも整理・整頓・清掃が伴う活動です。そのためデータモデリングスキルが必須になります。

10.2
RULE
67　データモデルで共通認識をつくる

■ データモデルとは共通認識をつくる知識のフレーム

ここでは、データモデルとはどういうものかについて説明します。

まず、**モデルとは「共通認識をつくるためのツールであり枠組み」**です。**共通認識をつくる「目的」に合わせて抽象化**しています。

要するに、現実世界をある視点（興味）に沿って可視化したものがモデルです（図10.2.1）。

例えば現実世界の地球の気圧配置を見れば天気がわかります。ヒトの身体の中を確認したい場合はレントゲンで写真をとります。建物がどのような間取りになっているかは平面図で表現できます。同じようにビジネスをデータという視点から可視化したものがデータモデルになります。

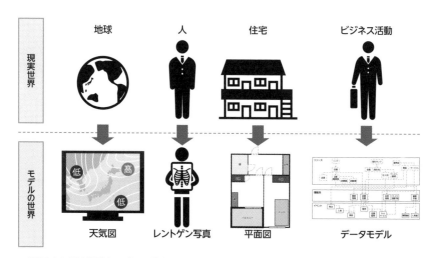

● 図10.2.1 現実世界とモデルの世界

データ活用・データ開発を行おうとすれば、データについて関係者間でコミュニケーションする必要があります。その時にやりとりする要素としては、データの名前や意味、データ同士の関係性、在り処などがあります。しかし、人によって表現方法が異なっています。

例えばAさんは「製品」の話、Bさんは「製品分類」の話をしているのに、両方とも同じ「製品」という言葉を使って話すために齟齬が生まれる、というのはよくある話です。データの在り処についても、場所を部門単位で分けるか、システム単位で分けるかなどで、様々な表現の幅があります。

ここで、自社のデータについて、統一された表現方法で表し、関係者間のコミュニケーションを仲立ちするものが必要となります。それが、**データモデル**です。

■ 現実世界を認識するとは

まずは図10.2.2をご覧ください。東京支店の伊藤さんが工場に生産を依頼しているシーンです。

● 図10.2.2　生産依頼のシーン

ビジネス活動を行ううえでは、多くのヒト（＝伊藤さん）やモノ（チップス、チョコレート）、コト（生産）といった「対象」を認識します。これらの対象はビジネスを回すうえで管理する必要があるため、管理対象と呼びます。

この管理対象をデータモデル用語でエンティティオカレンスと呼び、管理対象の集合をエンティティタイプと呼んでいます（図10.2.3）。データモデルの世界では、エンティティタイプを1つの箱で表現します。なお、本書では

エンティティタイプをエンティティとして略しています。

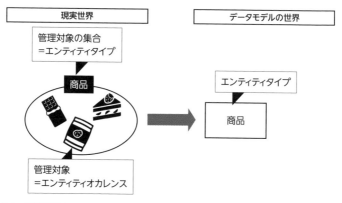

● 図10.2.3　管理対象とエンティティの関係

COLUMN

データモデルの根底にある理論

　データモデルは意味に着目して構造化していることから、概念データモデルと呼ばれています。概念とデータの関係を説明する理論には、言語学者のソシュールの「シニフィアンとシニフィエ」、オグデン・リチャーズの「意味の三角形」がありますが、概念そのものを理解するのであれば、哲学分野の「存在論」、「オントロジー」を理解すると良いでしょう。

　データモデルは知識を整理する際に役に立つといわれていますが、それはデータモデリングをすることで、概念と概念の関係を考え、構造化するトレーニングを行っていることになるため、知識の整理スキルが身についているものと考えます。

　データモデルのスキルを身につけて、いろいろな概念をつなぎ合わせて遊んでみると、新たな発見があり、知的探究心を満たすかもしれませんね。

■ エンティティの種類

　2.3のRULE08を思い出してください。企業全体の活動を表すバリューチェーンモデルでは、経営資源とバリューチェーンがありました。またバリューチェーンモデルには現れていませんでしたが、バリューチェーンをマネジ

メントする管理業務も存在します。

バリューチェーンモデルに合わせて、エンティティの種類も**マスタ、トランザクション、情報系データの3系統に分類**（**1.5のRULE05**、表1.5.1を参照）されます。これは、**データの性質の違い**を表しています。

◆ **マスタ系**

企業がビジネス活動を続けていくために必要な「**資源**」に関するエンティティです（図10.2.4）。

エンティティの代表例は、組織、社員、倉庫、工場、取引先、顧客、商品、勘定科目です。

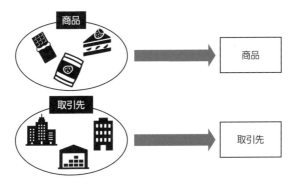

● 図10.2.4　マスタ系エンティティ

◆ **トランザクション系**

行為や指図など、業務遂行における「**出来事**」に関するエンティティです（図10.2.5）。エンティティの代表例は、受注、出荷、請求、発注、入荷、支払、生産です。

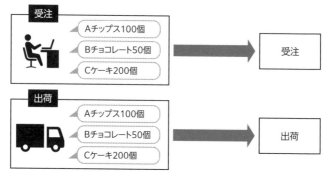

● 図10.2.5　トランザクション系エンティティ

◆　情報系

　出来事（トランザクション）の結果を「分析・集計」したエンティティです（図10.2.6）。

　エンティティの代表例は、「ある商品のその月の売上額の合計を出した月別売上」や「過去のある時点での在庫数」や「現時点のリアルな在庫数」です。

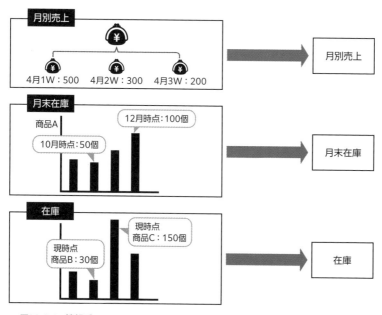

● 図10.2.6　情報系エンティティ

■ 管理対象間の関係とは

　管理対象と管理対象の間には、**何らかの関係**があります。**この関係のこと
をリレーションシップと呼びます**（図10.2.7）。

　リレーションシップは**業務ルール**に基づいて引かれます。

　例えば、受注と出荷指図の2つの業務について考えてみます。

　1件の受注に対して3回といった複数回の出荷指図を行う場合、受注と出荷
の間には1：Nの関係があるといえます。この企業の業務ルールでは、出荷
を複数に分ける分割出荷を許容していることを意味します。在庫が足りなか
った場合に物流費がかかってでも、あるものだけ先に納品するスピード重視
のビジネス施策に基づく業務ルールがあるということを意味します。

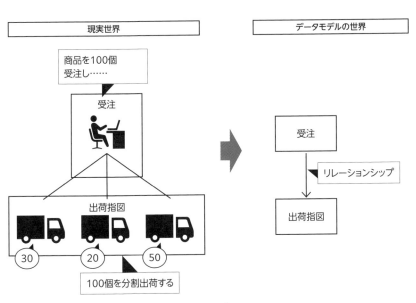

● 図10.2.7　管理対象間の関係とリレーションシップ

Point! 管理対象間の関係は3種類さえ押さえればOK！

管理対象間の関係の種類は、1:Nの関係、部分集合の関係、状態遷移の関係の3種類あります。

業務ルールに合わせて、適切な関係の種類を選択しましょう！

	1：Nの関係	部分集合の関係	状態遷移の関係
モデル	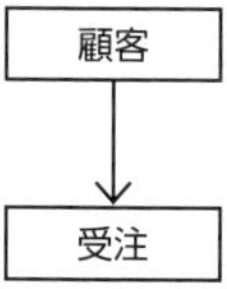 顧客 → 受注	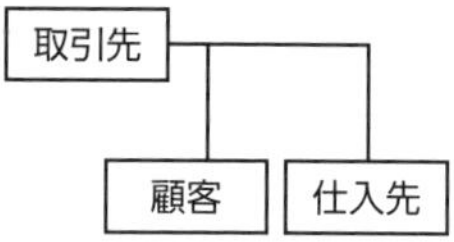 取引先／顧客・仕入先	 出荷 — 売上計上
目的	管理対象の粒度を明確にする	管理対象の範囲を明確にする	タイミングの違いやデータオーナーの違いを明確にする
意味	顧客からは何回も受注する	顧客も仕入先も取引先の一部である	出荷の単位で売上計上するが、タイミングは異なり、出荷は物流担当者、売上計上は物流の経理担当者が行う

● 図10.2.8 管理対象間の関係の種類

■ データ項目とは

管理対象を説明する要素のことをデータモデルの世界では、データ項目と呼びます（図10.2.9）。エンティティを識別するデータ項目（識別子）を主キーと呼び、エンティティとエンティティをつなぐデータ項目を参照キー（＝外部キー）と呼びます。参照キーは別エンティティの主キーに対応します。

　管理対象間に関係があるところには、必ずリレーションシップがあり、参照キーがあります。

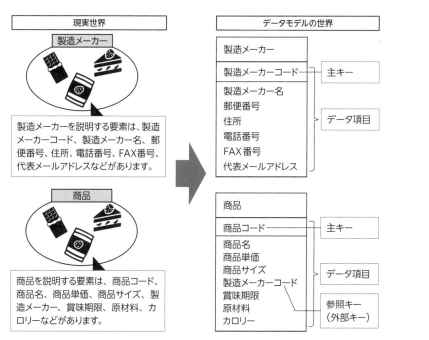

● 図10.2.9　管理対象の説明要素とデータ項目

　次節以降では、データモデルの作成方法を解説します。身近な業務がイメージできるコンビニエンスストアのレジ業務を題材にデータモデリングを学んでいきましょう。

10.3
RULE
68
小売業を例に データモデリングしてみる

■ ステップ1：証跡を認識する

ビジネス活動には**事実を伝える証拠**があります。

図10.3.1はコンビニエンスストアの業務プロセスです。コンビニエンスストアにおける証跡の例としては、発注業務の発注書、配送手配業務の配送手配書、レジ業務のレシート、入金業務の取引明細表などが挙げられます。

これらの証跡に残されている事実こそが、ビジネスでどのようなデータが使われているかを認識するうえで大きな役割を果たします。したがって、データモデリングをするうえでは、これらの証跡を集めることが役立ちます。

証跡は、業務機能（＝画面・帳票・手書き伝票など）に対応して生成されるものなので、業務機能を捉えることで証跡を認識します。

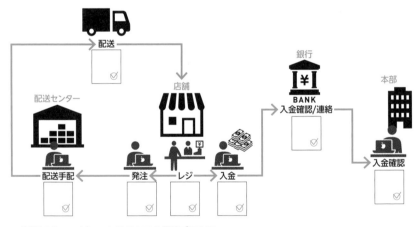

● 図10.3.1 コンビニエンスストアの業務プロセス

■ ステップ2：証跡を使って管理対象を認識する

レジ業務を詳しく見てみましょう（図10.3.2）。レジ業務という行為は、レシートという証跡が残るので、レシートを使ってデータを構造化します。

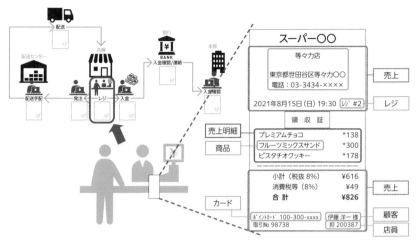

● 図10.3.2　レジ業務の証跡であるレシート

　構造化の最初のステップは管理対象を認識することです。

　レシートを眺めると**管理対象を認識**できます。「等々力店、東京都世田谷区等々力〇〇、03-3434-XXX」で等々力店という管理対象を認識し、そこから「店舗」というエンティティが必要であると考えます。

　図10.3.2でわかるように、レシートから店舗、レジ、商品、カード、顧客、店舗、売上、売上明細のエンティティが浮かび上がってきます。

　こうした作業に慣れるまで難しいと感じるかもしれませんが、コツを掴めば管理対象を認識できるようになります。

　テクニックとしては、レシートから**業務を想像**し、**誰が（Who）、誰に（Whom）、どこで（Where）、何を（What）の視点でマスタ系のエンティティを捉えます。**

　トランザクション系のエンティティは、レシートの発行がコンビニエンスストアにとっての売上なので、「売上」をエンティティとして捉えます。1回の買い物で複数の商品を買えるのであれば、売上の内訳と解釈し、売上の明細があると認識します。明細があるかどうかは、レシートにあるように商品と単価が繰り返し登場していれば、売上明細としてエンティティを認識します。**発注、入荷、支払、受注、出荷、請求、生産などの出来事においても明細が繰り返しとして登場することが多い**ので、注意して見てみてください。

■ ステップ3：管理対象間の関係を認識する

　構造化の次のステップは、管理対象間の関係を認識することです。**管理対象間の関係は、業務ルールに基づいて、管理対象間の関係を線でつなぎます**（図10.3.3）。

　例えば、業務ルールとして「店舗には複数の店員が所属する」が規定されていれば、店舗と店員の間を１：Ｎの関係を表す線でつなぎます。また、カードに関して「紛失した際に再発行が可能であり、見つかった際は以前のカードのポイントを新しいカードに合算できる」という業務ルールがあれば、顧客1人に対して複数のカードを持てるようにする必要があるため、顧客とカードは、１：Ｎにしておきます（線の種類は**10.2のRULE67**、図10.2.8を参照）。

　このように、業務ルールがわかれば線をつなぐことはできます。**もし、わからなければ業務有識者に確認**すれば答えは導けます。

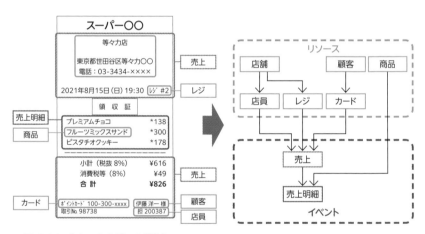

● 図10.3.3　レシートのデータ構造化

■ ステップ4：部分図を統合する

　ステップ3までは、証跡ごとにデータモデルを作成してきました。ステップ4は最終仕上げです。**最終仕上げでは、これまで作成した証跡ごとのデータモデル（＝部分図）を統合**します（図10.3.4）。

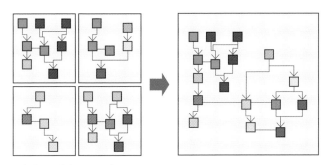

● 図10.3.4　部分図の統合イメージ

　統合作業にはいくつかのサブステップがあります。最初は**エンティティの統合**です（図10.3.5）。例えば、発注と入荷（＝店舗への配送）のそれぞれの証跡を確認すると、商品を認識することができます。同一対象を見ているため、エンティティは統合して表現します。

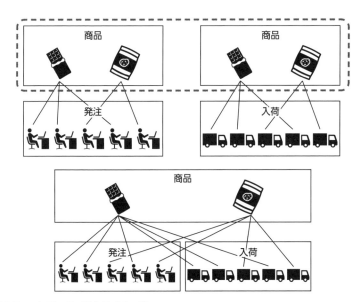

● 図10.3.5　エンティティ統合のイメージ

　次のサブステップは、**業務間の関係を認識**することです。例えば、発注と入荷に関して、1発注で分割入荷がある業務ルールがあった場合、発注と入荷の間に1：Nのリレーションシップを引きます。

最後のサブステップは、**配置ルールに基づきエンティティを配置**すること
です。配置ルールを必要とする理由は、データモデルの可読性を向上させる
ためです。データ活用者がデータモデルを地図として見る際に、毎回データ
の配置が異なっていたら、地図としての機能を果たせなくなります。そのた
め、エンティティの配置は非常に重要な作業になります。

◆　**縦の配置ルール**

　データの**抽象度による配置ルール**を縦の配置ルールといいます（図10.3.6）。
抽象度が低いエンティティがモデルの下部に来るように配置します。わかり
にくければ「1：Nの1側が上、N側が下」と覚えてください。そうすること
で、自然と抽象度の高いものから低いものへ縦に配置されます。

　例えば、店舗と店員は1：Nの関係があるので、店舗を上に、店員を下に
配置します。

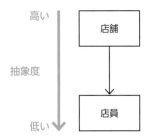

● 図10.3.6　縦の配置ルールの例

◆　**横の配置ルール**

　リソース系は、左から**社内組織、社外組織、モノ、その他**の順に配置しま
す（図10.3.7）。

	社内組織	社外組織	モノ	その他
主な管理対象	組織、社員、自社倉庫など	顧客、取引先、他社倉庫など	商品、製品、部品、原材料、サービスなど	勘定科目、費目、区分、分類など

● 図10.3.7　横の配置ルール（リソース）

イベント系は、業務の流れに沿って、**左に先行業務が来るように配置**します（図10.3.8）。例えば、発注と入荷では必ず発注が先行して行われるので、発注を左側に配置します。

● 図10.3.8 横の配置ルール（イベント）

情報系は、**集計元のイベントデータに対応して、近いところに配置**します。抽象度はイベント系よりは高く、リソース系よりは低くなるため、リソースとイベントの真ん中ぐらいに配置されます。

ここまでの配置をまとめると、図10.3.9のようになります。

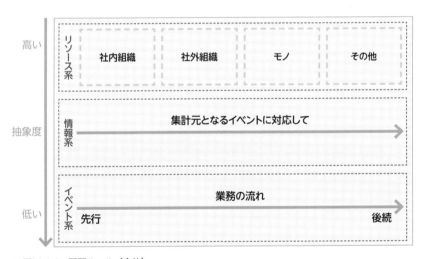

● 図10.3.9 配置ルール（全体）

10.4

RULE

69 配置ルールに従って データアーキテクチャを定義する

■ 配置ルールは業務領域との対応関係を示している

3.2（RULE18）の図3.2.2の内容をもう一度見てください（図10.4.1）。配置ルールに沿って、データを配置していることがわかると思います。

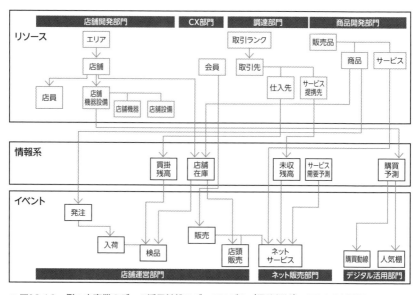

● 図10.4.1　例：小売業のデータ活用基盤のデータモデル（業務領域）：図3.2.2を再掲

　データを配置する際に意識すべきことは、**リソースの配置ルールに合わせてビジネスを遂行するのに足りない経営資源はないか、イベントの配置ルールに合わせて業務の流れはどうなっているのか**といったことです。このため、思考過程としては、ビジネスアーキテクチャを意識しながら、データアーキテクチャを考えることになります。

■ サブジェクトエリアモデルの作成方法

サブジェクトエリアとは、基本業務機能（購買、営業、経理、生産など）と事業領域と市場の組み合わせで決まる業務領域と同義だと考えてください。

サブジェクトエリアで管理するエンティティを決めるということは、エンティティを主管している組織を決めるということです。すなわち、データオーナーが決まることになります。

このことから、サブジェクトエリアモデルは、エンティティのデータオーナーを一目でわかるようにしたものであるといえます。

ここではサブジェクトエリアモデルの作成方法について、簡単にご紹介します。必要なINPUT資料は**組織図と業務機能一覧**です。

◆ ステップ1：業務機能一覧の作成

現状の組織図をベースに業務領域を抽出し、業務機能一覧のレベル1に設定します（図10.4.2）。

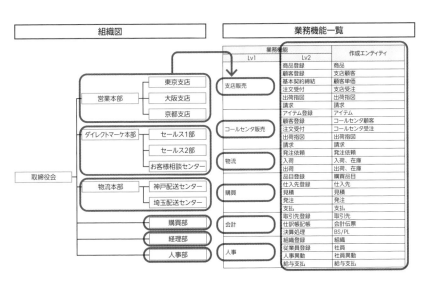

● 図10.4.2　サブジェクトエリア作成（業務機能一覧）

業務機能一覧のレベル2には入力する帳票や画面を設定し、対応するエンティティを1つ設定します。対応するエンティティはレベル2の業務機能名称

から登録・入力・締結といった言葉を取り除いたものにしましょう。

◆ **ステップ2：サブジェクトエリアモデルのフレームワークに転記**

業務機能一覧にあるエンティティを**配置ルールに基づいて配置し、業務レベル1の領域を設定**します（図10.4.3）。

初版は現状を表しているもので、ここから**データ活用基盤に乗せる共通データを抽出**し、共通のサブジェクトエリアを設定します。

出来上がったサブジェクトエリアモデルを**ビジョン**として位置付けます。

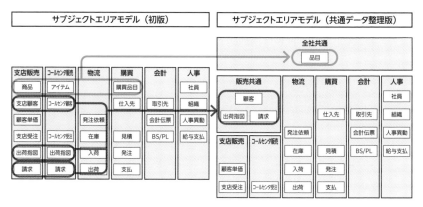

● 図10.4.3　サブジェクトエリア作成（サブジェクトエリアモデル）

▓ サブジェクトエリアモデルの使い方

サブジェクトエリアモデルはデータマネジメント施策のビジョン策定、データアーキテクチャのガバナンスで使います（**3.2のRULE18、5.2のRULE23**を参照）。

COLUMN

概念と物理の関係

　データモデルを作成する際に、すでにシステムに実装されている物理的なデータモデルを作成して、共通認識をつくるほうが良いと考える方もいると思います。

　システム保守を担当する方であれば、物理的なデータ構造をベースにデータ項目の意味や物理ファイル間の関係が理解できたほうが良いと思いますが、クラウド、パッケージ、内製システムなど、システムごとに設計思想が異なるため、データモデルもいろいろなバリエーションが出てきます。

　システム担当ではなく、ユーザーも含めた企業全体で共通認識を作ることを考えると、システムごとにバリエーションが出ている状態は不都合です。本当は同じデータを表しているモデルであるにもかかわらず、システムの都合に合わせて異なる形で描かれるようなことがあると、システムに詳しくないユーザーは混乱してしまいます。これを解決するには、システムの設計に左右されない標準的なルールが必要になります。

　この標準的なルールというのが、業務の証跡である画面や帳票のデータ項目の意味に着目して、管理対象を認識し、管理対象間の関係を捉えた概念的なデータモデルです。概念の世界であれば、物理的な制約を受けずにデータ構造を表現できるため、誰が見ても同じ読み方で理解ができるようになります。

　概念で捉えたデータを最終的には物理側のデータとマッピングして、メタデータで管理することで、物理側のデータモデルもガバナンスができるようになります。

　概念と物理は切り分けて、概念で標準化する必要性を覚えておくと良いです。特にデータ活用基盤は個別システムから集まってきたデータを標準化する必要があるため、データの持つ意味に着目した整理が求められます。

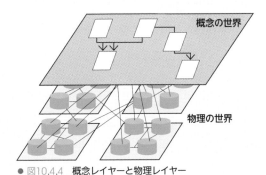

● 図10.4.4　概念レイヤーと物理レイヤー

データ定義の書き方について理解する

■ データ定義は整理・整頓・清掃の要

きれいなデータモデルを作成しても、定義が文章で書かれていないと、データの意味は曖昧なままです。そうすると、値を登録する人からすると、どのようなデータを登録していいかわからなくなります。その結果、徐々にデータが汚れていくことになります。

データ定義とは、エンティティ、データ項目に対して定義することです。

◆ エンティティ定義の書き方

エンティティ定義では、エンティティにどのような管理対象が含まれるのか、エンティティのオーナーは誰なのかなどを決めていきます。

表10.5.1はエンティティ定義のポイント、後掲の表10.5.3はエンティティ定義のサンプルです。

■ 表10.5.1 エンティティ定義のポイント

エンティティ定義の項目	書くべき内容
意味説明	管理対象がどういったものなのかを記述する(「○○とは」で始まる文章にする)
範囲	どのような管理対象が含まれているのを記述する(何を含み、何を含まないか)
粒度	管理対象の粒度を記述する(管理対象を識別する番号の発番単位・採番ルール)
発生量	一定期間におけるデータ件数を記述する(年△△件増加、年増加率△△%と表現)
ライフサイクル	データの生成~消滅までのライフサイクルを記述する(何をもとに作られるのか、どのタイミングでデータが生成・更新・消滅するのか)
流通経路	データの出生地、生い立ちを記述する
データオーナー	データの品質を担保する責任者を記述する(データを生成する組織の責任者)

◆ データ項目定義の書き方

データ項目定義には、所属エンティティ、主キー・参照キー、データの型・桁、データ項目の意味説明、値事例、コード体系、データ制約・業務ルール・加工式を記述します。

表10.5.2はデータ項目定義のポイント、後掲の表10.5.4はデータ項目定義のサンプルです。サンプルには、**よく使う「値の必須、値の重複、値の変更、値の存在、値の上書き、値が入る業務条件、値を導出する加工式」を、データ制約に設定しました。**

■ 表10.5.2　データ項目定義のポイント

データ項目定義の項目	書くべき内容
意味説明	データ項目の意味説明を記述する（顧客コードのような管理対象を識別するデータ項目は必須だが、顧客住所のようなデータ項目名を見ればわかるデータ項目は省略可）
コード体系	管理対象を識別するコード系のデータ項目はコードの値の規則性を記述する
データ制約	違う意味のデータが入らないようにルールとして定めたものを記述する（とりうる値の範囲、値が入るときの条件、四則演算や論理式などの式など） ※データ制約の補足説明は、5.11（RULE32）参照

COLUMN

概念データモデルは内製すべき成果物の1つ

内製化が進んでいる企業では、業務部門とIT部門が協力して「業務機能一覧」「業務フロー」「業務入出力（画面や帳票のモックアップやイメージを伝えるもの）」「業務入出力項目（業務入出力の項目）」「業務要件定義書（文書で説明したもの）」を作成しています。**データモデルに対してはデータベースの設計ドキュメントという意識が強く、多くの企業では協力会社のシステムエンジニアに作成し**てもらっています。

本来はデータモデルも内製する成果物の1つとして捉える必要があります。なぜなら、業務で扱うデータの意味は何か、業務間のデータの関係はどうなっているのかなど、**業務データを構造化しないとわからない業務要件が多々あるからで**す。このことから、データモデルも内製すべき成果物として扱います。なお、業務の意味に着目して作成するデータモデルを概念データモデルと呼びます。

■ 表10.5.3 エンティティ定義サンプル

エンティティタイプ名	意味説明	範囲	粒度	
顧客	顧客とは、A社と販売契約を締結している現在有効のお客様である。	契約が終了したお客様や商談中の見込客は含まれない。また、法人顧客のみを対象とし、個人事業主を含む個人は含まない。	法人の部署レベルに相当する。	

■ 表10.5.4 データ項目定義サンプル

データ項目名	所属エンティティ	主キー／参照キー	型	桁数	意味説明	値事例	
顧客コード	顧客	主キー	文字型	9	顧客を識別するコード	–	
顧客住所	顧客	–	文字型	1000	顧客の住所	–	
法人・個人区分	顧客	参照キー	文字型	2	法人顧客か個人顧客かを識別する区分	01：法人 02：個人	
代表者名	顧客	–	文字型	100	法人代表者の名前	–	
当社昨年取引売上高	顧客	–	数値型	13	当社との取引による売上高の昨年度（3月決算）の合計金額	–	

用途	発生量	ライフサイクル	流通経路	データオーナー
主にサービス受付時に顧客が締結しているすべての契約を把握する際に使用する。	年間1万の顧客増加を想定している。	契約締結時に生成されて契約終了時に消滅する。更新は契約変更の都度行われる。継続契約の場合は契約番号は変わるが、顧客番号は変わらない。	販売契約から顧客を抽出して、名寄せして生成する。	販売部門

コード体系	データ制約・業務ルール・加工式
XXX99999 上3桁は英字で会社コード 下6桁は連番	値は必須。 値は重複しない。 値の変更も許容しない。 値を間違えた場合は削除して登録し直す。 上3桁の会社コードは存在する値を使う。 下6桁の連番は登録の都度自動採番する。
−	値は必須。 契約の住所から一件最新のデータを導出し初期値として設定する。 初期値の上書きは可能。
XX 数字連番で頭0埋め	値は必須。 法人・個人区分は存在する値を使う。
−	値は必須。 法人・個人区分が「01：法人」の場合に設定する。
−	値は必須。 1年に1回、値を更新する。 当社昨年取引売上高 =昨年度の当社と取引のあった顧客別の売上合計金額

3層スキーマをもとにした概念・論理・物理データモデル

　1975年に、ANSI（米国国家規格協会、American National Standards Institute）が「3層スキーマアーキテクチャ」という考え方を提案しました。その中で、外部・概念・内部という3つのスキーマでデータを捉えることにより、より柔軟なシステム構築が可能であると述べています。ここでいう「スキーマ」とは、データの構造（どのようなデータがあるか、それらがどのような関係性を持つか…など）のことです。

　外部スキーマは、ユーザーから見たデータの見え方を表しています。個々の画面・帳票をイメージするとわかりやすいです。外部スキーマでは、ユーザーの使用場面や目的によって、概念スキーマの中のデータのうち、見たい分のデータが見やすい形式で表示されます。

　概念スキーマは、データベースに保持する必要があるデータ、およびデータ同士の関係性を表したものです。内部スキーマで決定されるデータの実装手段から独立して、データの意味の観点からデータ構造を表します。

　内部スキーマは、概念スキーマのデータを、採用する技術や製品等に合わせてどのように実装するかを表したものです。内部スキーマは、のちに、David Hay の Different Kinds of Data Models: History and a Suggestion ※ にあるように、論理スキーマと物理スキーマに分けて考えられるようになりました。**論理スキーマではDBMSの形式（リレーショナル、オブジェクト等）に合わせたデータ構造を表します。**また、**物理スキーマでは、採用するハードウェアやデータベース製品に合わせ、データを物理的に格納するためのデータ構造**（パーティション、テーブル領域など）を表します。

　この3層スキーマを表現するデータモデルをそれぞれ、概念データモデル、論理データモデル、物理データモデルと呼んでいます。

● 図10.5.1　概念・論理・物理データモデルと3層スキーマの対応

※ https://tdan.com/different-kinds-of-data-models-history-and-a-suggestion/14400

第11章

データマネジメントの組織文化醸成

データマネジメントのケイパビリティを向上させるためには、人材育成を考えて、組織全体を成熟させていく必要があります。

そのためには、データマネジメント活動を通じて、ナレッジを共有し、活用できる仕組みをつくる必要があります。

第11章では、データマネジメント活動の中心的な役割である、データアーキテクトとデータスチュワードのスキルとキャリアパスを解説します。また組織全体のケイパビリティを引き上げるために必要な仕組みづくりについて解説します。

データ駆動型経営に知識創造型モデルを取り入れて、AIには替えられないクリエイティブな人材を育てましょう。

強い使命感を持った
リーダーを発見する

■ 基本方針策定とガバナンス実行を循環させる

2.3（RULE08）で概観を解説しましたが、データガバナンス活動のプロセスには大きく「**データガバナンス基本方針策定**」と「**データガバナンス実行**」があり、これは**循環させながら成熟させるスパイラルな活動**です（図11.1.1）。

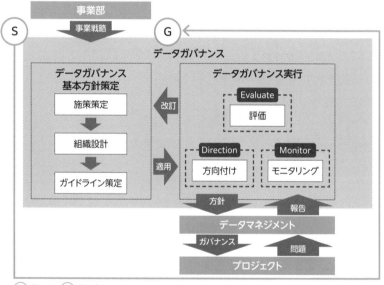

Ⓢ Start　Ⓖ Goal

● 図11.1.1　データガバナンス活動プロセスの概観：図2.3.3を再掲

Point!　データ駆動型経営の成熟度を高めるポイント

データ駆動型経営の成熟度を高めるために大きな役割を持つのは、基本方針策定の改訂です。Evaluateの評価の結果、基本方針策定に不十分な点があったとわかれば、その改訂につなげます。基本方針策定プロセスでつくられた施策、組織、ガイドラインをもとにその後のEDMが回っていくので、基本方針策定の改訂は重要です。

■ リーダーシップ

　CDOは監督であり、**組織全体を動かす司令塔的な役割**を担っています。**2.8のRULE13**（強いリーダーシップの確立）でも解説しましたが、**組織づくりの成功はリーダーのビヘイビア**にかかっています。

　リーダーに求められる能力は、最終目標と方向性の設定、チャレンジ精神、常に新しいやり方を開発する、新しい何かを生み出す、権限を委譲する、強いモチベーションなどが挙げられます。

　リーダーに似ている立場としてマネージャーがありますが、マネージャに求められる能力は計画性、現状維持重視、リスクの最小化、結果重視などです。リーダーが攻めだとするとマネージャは守りであり、求められている役割が異なるのです。

　CDOには、リーダーとしての能力とマネージャーとしての能力の両方が求められます。しかし、それは最終的な話です。スモールスタートでの組織づくりにおいては、素早い成功と素早い変化を目指します。そのため、まずはリーダーとしての能力を伸ばしてもらうように働きかけましょう。

■ リーダーのビヘイビア

　成功企業のリーダーのビヘイビアとしては、発言が前向きで、人望があり、人の意見を聞いて上手く取りまとめることができ、メンバーのモチベーションを上手に上げることができる、というものが挙げられます。また、勤勉であり、論理的で頭の回転が早く、創造性も豊かなことも必要になります。

　このような人材を社内で発掘するのは、難しいように思えるかもしれませんが、そんなことはありません。**使命感**をもって、会社をより良くしようと思って本気で取り組んでいる人はいます。逆に少しでも**やらされている感、現状のしがらみに囚われている感**があるマインドセットでは、成功できません。

　データマネジメントを企業に導入するということは、企業文化を変える改革になることでもあるので、**覚悟**をもって取り組む必要があります。

72 データ活用推進企業の特徴を押さえる

■ データ活用推進企業の人材育成の課題

多くのデータ活用推進企業では、**データ活用者が少なく**、マーケティング部門や経営企画室などの一部の組織にしか人が育っていません。しかし、データ駆動型経営にシフトするためには、**待ったなし**でデータ活用者を育てる必要があると、経営者は考えています。またデータマネジメントチームもない場合がほとんどで、**ゼロから育て**ていかなければならないという課題も抱えています。

■ データ活用者育成の考え方

データ活用者の育成を成功させるために大事なことが2つあります。1つ目は、**成功しているデータ活用者の成功プロセスを可視化し、標準プロセスとして社内ルールにする**ことです。プロセスが標準化されることで、仕事の進め方や知識の土台が揃うため、**意見交換の質の向上、個人の行動目標の設定、場づくり**の3点が期待できます。

2つ目は、「**ビジネス施策の仮説構築**」を身につけさせることです。データ活用者にとっての最初の壁は、「**何から始めたら良いかわからない（6.1のRULE33参照）**」ということです。その壁を壊すスキルとして仮説構築スキルを身につけてもらいます。

仮説構築スキルは、たくさんの**改善事例を知る**ことで身につきます。改善事例が手に入らない場合は、**現場に出向き**事実をつかみます。一緒に仕事をして**他者との共感の中**から事実をつかんでいくのです。事例や事実をたくさん見ることで、新たな提案ができるようになります。提案とは精度の高い仮説なので、**経営者や上司により良い提案を投げ続けて**採用してもらうことで、仮説構築のスキルが磨かれます。

■ データマネジメント人材育成の考え方

　データマネジメント推進リーダーに任命されたCDOは、データマネジメントをゼロから立ち上げることになります。そのため、あらかじめ**キャリアを積んだ人**を集める必要があります。

　キャリアパスは**11.4（RULE74）**で解説しますが、**データアーキテクトはデータモデリング経験者**であること、**データスチュワードは業務有識者**であることが人材育成の前提条件となります。

　データマネジメント活動で一番求められる能力は、データ構造やデータ項目の品質を下げないように、システム開発サイドのプロジェクトメンバーに対して、一定水準のレビュや技術指導ができることです。このことから、データマネジメントサイドでは、誰がやっても同じレベルでレビュや技術指導ができるように、データマネジメントの共通言語にあたる**「データモデリングの読解」スキルを身につけてもらう必要があります**。そのうえで、データマネジメントサイドでは、データマネジメントの各種ガイドラインを使いながら、OJT（On the Job Training）によるナレッジ継承をシステム開発プロジェクトメンバーに行い、育てていきます。

■ 人材育成は車の両輪と同じ

　データ活用推進企業の課題でも挙がっていたとおり、ビジネスサイドの変革とデータマネジメント組織づくりが**並行**しないと、データ活用の促進は望めません。

　ビジネスサイドは仮説検証型のビジネス変革を促すために**データ活用の成功プロセスを標準化**し、データ活用者は標準プロセスに基づいて業務を遂行するようにしましょう。

　データマネジメントサイドは、組織づくりを進めるために、適任者を集め、**データモデリングの基礎教育を完了**させて、現場でのOJTを実施しましょう。

11.3
RULE
73 データ活用推進企業の コンピテンシーを理解する

■ データ活用推進企業の各レイヤーの特徴

データ活用推進企業は、次の3つのレイヤーで活動が循環しています。

- サービスモデルレイヤー：顧客の体験価値を創出するために、ビッグデータを使ってニーズを予測し、サービス・商品の開発・提供・改善を繰り返す
- 業務モデルレイヤー：組織を横断して、データを活用し、仮説構築して、意思決定する社内業務プロセスの改善を繰り返す
- 行動モデルレイヤー：個人の意識として、常に仮説構築して、企画・提案を策定し、意思決定者に合意してもらうまで繰り返す

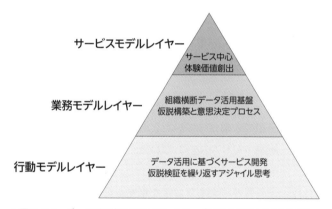

● 図11.3.1　データ活用推進企業の3レイヤー（筆者オリジナルのモデル）

　サービスモデルレイヤーと業務モデルレイヤーは、**組織の仕組みとして環境を整える**必要があり、行動モデルレイヤーは**個人の仕組みとして教育を整える**必要があります。環境を整備するのは、**いずれも経営者の仕事**です。

■ 各レイヤーに必要な人材と主なコンピテンシー

　各レイヤーで活動するデータマネジメントに関わる人材は、チーフデータオフィサー（CDO）、チーフデータアーキテクト（CDA）、データアーキテクト（DA）、データスチュワード（DSt）、データサイエンティスト（DS）です。それぞれの主なコンピテンシーを図11.3.2で示します。なお、コンピテンシーについては本章末のコラムで詳しく説明しています。

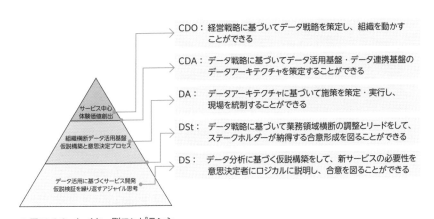

CDO：経営戦略に基づいてデータ戦略を策定し、組織を動かすことができる

CDA：データ戦略に基づいてデータ活用基盤・データ連携基盤のデータアーキテクチャを策定することができる

DA：データアーキテクチャに基づいて施策を策定・実行し、現場を統制することができる

DSt：データ戦略に基づいて業務領域横断の調整とリードをして、ステークホルダーが納得する合意形成を図ることができる

DS：データ分析に基づく仮説構築をして、新サービスの必要性を意思決定者にロジカルに説明し、合意を図ることができる

サービス中心
体験価値創出

組織横断データ活用基盤
仮説構築と意思決定プロセス

データ活用に基づくサービス開発
仮説検証を繰り返すアジャイル思考

● 図11.3.2　レイヤー別コンピテンシー

　サービスモデルレイヤーは、**顧客の体験価値を創出するビジネス施策**に直結するため、データについては、戦略を考えるCDOが担います。

　業務モデルレイヤーは、**アーキテクチャに関わる部分が多いため**、CDAが担い、施策実行としてDAとDStが担います。

　行動モデルレイヤーは、経営者や上司といった意思決定者に納得してもらえるように、**論理的思考や根拠となるデータを示す必要がある**ため、DSが担います。

Point!　業務モデルレイヤーがデータ活用基盤を提供

データ活用者は業務モデルレイヤーのデータ活用基盤を使ってデータ分析を行います。

74 キャリアパスを設計する

■ ITサイドのDAとビジネスサイドのDSt

データマネジメントの活動の中心人物は**データアーキテクト（DA）とデータスチュワード（DSt）**です。

データ活用基盤をデータマネジメントするためには、DAは業務要件定義とデータモデル設計、DStはデータ活用とデータサイエンティストとサービス企画を経験する必要があります。**前者はITサイドの現場経験、後者はビジネスサイドの現場経験**です。

DA、DStはともに現場経験を積んだうえで、マネジメント領域に入ってもらいます。**DAとDStはそれぞれ補完関係**となり、お互いがそれぞれの領域に踏み込みながらスキルを磨くことで、CDA・CDOのキャリアが拓けます。

ビジネスサイドの現場経験を一通り積んだ人は、DSt以外にも**社内コンサルタント**として活躍する道もあります。

本節末に掲載した図11.4.1は筆者の経験に基づいて考案したデータマネジメント人材育成のキャリアマップです。①～⑥の数字はキャリアパスの順序で、年数は矢印のキャリアへ進む年数の目安を表しています。スタートは①になります。

■ データアーキテクトが求められる能力

DAの素養として、**データモデリング能力が必要**です。データモデリング能力としては、データ構造化スキル、業務ヒアリング能力、業務要件定義の作成能力、業務的なデータの意味を解釈する能力が挙げられます。

DAになってから磨くべきスキルは、ビジネス施策を理解する能力、ビジネス施策をデータマネジメント施策に落とし込む能力、組織のガバナンスルールやプロセスを設計する能力、ガバナンス実行能力です。

知識としてあったほうが望ましいのは、業務知識、システム知識、データ

マネジメント知識です。

■ データスチュワードが求められる能力

　基本的には、DStは業務有識者の中から発見されるもので、業務知識や業務改善能力が求められます。

　DStの素養として、**業務横断のデータ要件を調整する能力、データモデル読解能力**が必要です。データ要件を調整するためには、業務的な意味や業務そのものをある程度理解していなければなりません。

　DStになってから磨くべきスキルは、ビジネス施策の**仮説構築スキル**です。仮説構築スキルを磨くためには、事例分析をたくさん行うことです。

　知識としてあったほうが望ましいのは、業務知識、業務改善事例、業務設計方法です。

Point! 　共通スキルはデータモデル

DAもDStもデータモデリングスキルは必要です。DAはデータモデリングのプロフェッショナルとして読み書きできる必要がありますが、DStはデータモデルを読むことができれば十分です。

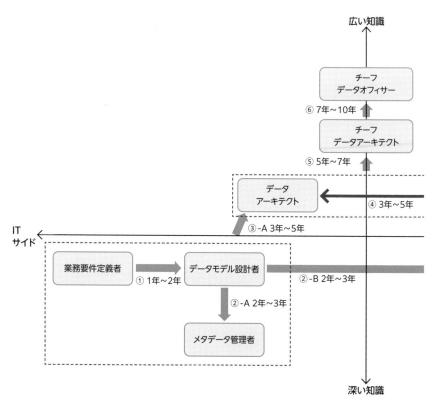

● 図11.4.1 キャリアマップ

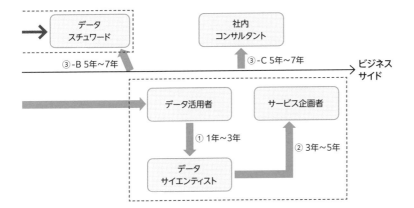

75 組織を成熟させる

■ 分析ナレッジは組織の成熟化の一歩

　分析ナレッジを構築することで、ビジネスメタデータの管理ができるようになり、仮説検証型のビジネス活動が行えるようになることは**6.2 (RULE34)** で解説しました。分析ナレッジを中心に運用プロセスを回すことで、組織としてのデータ駆動型経営へ一歩前進することは間違いありません。

　しかし、ここからさらに飛躍するためには、組織における**知の創造のプロセス**が必要です。有名な理論が、**野中郁次郎氏が提唱しているSECIモデル**です（図11.5.1）。昔からあるモデルではありますが、現在でも非常に有効なモデルであり、AI化が進めば進むほど暗黙知の継承が価値を生むため、知識創造の組織づくりはこれから伸びてくると考えます。

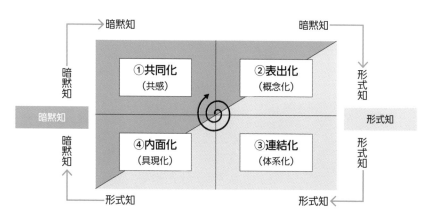

出典）「ワイズカンパニー：知識創造から知識実践への新しいモデル」野中郁次郎, 竹内弘高 著、黒輪篤嗣 訳、東洋経済新報社

● 図11.5.1　SECIモデル

　データマネジメントの組織づくりは、メタデータやデータモデルを扱うため、企業にとって知識の宝庫のような場所になります。知識が集まってくる部署で、知を育てる活動ができた企業が生き残るのではないでしょうか。

■ SECIモデルを使ったデータマネジメント活動の事例

　例えば、ビジネス施策の仮説構築を考えるにあたり、AさんがBさんに直接対話しながら、仮説を構築していきます。

- この企業はBtoBだからマーケティング施策はセミナー開催か
- BtoCは少ないから顧客統合をした活用ニーズはあるのか
- BtoCでなくても商圏調査で個人属性は必要かもしれない
- ……

　このやりとりで得られることは暗黙知の獲得です。Aさん・Bさんともにナレッジを獲得しました（①共同化）。

　次に仮説内容を図式化して、関係者間で共有できるようにします。データ要件が仮説で見えているはずなので、データモデルで表現することが図式化そのものになります。データモデルを通じて、暗黙知を形式知にすることができました（②表出化）。

　データモデルは他のビジネス施策でも作成されているため、一度みんなでデータモデルを持ち寄って、データ要件を整理しました。個別のデータモデルでは気づかなかった業務横断の調整が必要であることがわかり、全体最適なデータマネジメント施策を策定することができました（③連結化）。

　全体最適で整ったプロセスに従って実践してみると、新たな気づきやノウハウが得られ、個人の新たな暗黙知が獲得できました（④内面化）。

　以上がデータマネジメント活動をSECIモデルで表した場合の一例です。

　経営者は、①共同化～④内面化までの一連のプロセスを定義して、管理・評価できるガバナンスを利かせる必要があります。

　これはデータガバナンスの範囲を超えているかもしれませんが、企業にとってなくてはならないケイパビリティの1つです。

　おそらく、筆者らの想定では、顧客の体験価値を高めるためには、新しいサービスを創出し続ける必要があり、サービス創出のための仮説構築として、データとナレッジを活用する必要があると考えています。**サービス開発、データ活用、ナレッジ活用はデジタル時代の主要なケイパビリティになるかもしれません。**

■ まずはスモールスタートで動き出しましょう！

データマネジメントの活動を成熟させるための第一歩は、**スモールスタートで実行する**ことに尽きます。

効果の出やすい業務領域に絞って、データマネジメント活動の**EDM・PDCAを回し、戦略策定の改訂と戦略実行を何度も繰り返して**ください。

一度仕組みができれば、あとは継続することで必ず組織は成長します。組織成長の下支えとして、メタデータ管理やSECIモデルによる知の創造があります。ビジネス施策の仮説構築でデータ要件を**考える楽しさ**を覚え、データモデルで**理解を深め、知的探究心を育む**ところから始めてみましょう！

COLUMN

コンピテンシーとは

コンピテンシーとは、教育機関や企業の人材開発の文脈で使われる用語です。知識やスキルと何が違うのか、教授システム学の定義を簡単にご紹介します[※]。

- 知識とは人や組織が知っている情報
- スキルとは特定のタスクや活動を遂行する能力
- コンピテンシーとは特定の仕事をうまくこなすために所持するスキル、アビリティ、習慣、性格特性、知識の**集合体**

例えば、チーフデータアーキテクトのコンピテンシーは「経営戦略に基づいてデータ戦略を策定し、組織を動かすことができる」とあるので、スキルとしては仮説構築、知識としてはデータマネジメントに関することが含まれています。

人材開発の戦略を考える際に、必要なコンピテンシーを書き出して**あるべき人材像を固め**、現状を把握するために**チェックリスト**として使います。

※「インストラクショナルデザインの理論とモデル：共通知識基盤の構築に向けて」C.M.ライゲルース, A.A.カー＝シェルマン 編、鈴木克明, 林雄介 監訳、北大路書房

おわりに

　DXを成功に導くためのデータマネジメントの旅はいかがだったでしょうか？

　DXは単なる戯言<ruby>戯言<rt>ざれごと</rt></ruby>ごとではありません。企業は、最先端のデジタル技術を活用して、顧客視点のビジネスモデルに変革できなければ、近い将来、同業者だけではなく、ネット企業を含む他業界からの参入者によって、マーケットを奪われてしまう、という警告に他なりません。

　世の中は所有から利用に代わり、支払もサブスクリプションに変化しています。この流れは戻りません。なぜなら消費者が便利だと感じているからです。

　DXの目指す世界とは、顧客が何を求めているかを素早く理解し、適時適切に提案し、利用し続けてもらうことです。

　新しいものをより早く提案するためには、ビジネスのスピードが命になります。100%のサービスを作り出すよりも、80%でいいから早く提供し、利用を通して、より良いサービスへと進化させていくことが重要なのです。

　この一連のプロセスを支えるのがデータです。どのような顧客がどのようなサービスを求めているか、満足しているか、利用頻度はどうかなどの情報をデータとして取得し、分析し、仮説を立て、検証する、データの活用が不可欠なのです。

　企業はデータをヒト・モノ・カネに次ぐ第4の資産として認めなければいけません。資産である以上、ガバナンス・マネジメントが求められます。

　元来、データはその所有者がビジネスサイドなのか、ITサイドなのか、不明瞭な管理がなされてきました。ヒト・モノ・カネのように現物がないため、取っ付きにくい部分もあったかと思います。

　その一方でシステムの進化が進み、ヒト・モノ・カネさえもデータとして扱えるようになってきました。

　現実世界と違い、データが属するバーチャルの世界では、無限のシミュレーションが可能です。

この特性をビジネスの現場に最大限に活かすことが、真のデータ活用に他なりません。

　これまでデータのマネジメントに関する書籍は専門書が多く、専門家でなければ読む気さえ起こらなかったと思います。

　本書を執筆するにあたり、筆者らが一番心を砕いたことは、データとデータマネジメントがなぜビジネスで重要なのかを、とにかくわかりやすく解説すること、そして、重要性をご理解いただけたら、どのように実行すれば良いかを示唆できること、でした。

　読者の皆さまが、「ビジネスにとって、データはとっても大事で、ちゃんと管理しなきゃダメなんだね。管理できるように当社でもやってみよう」と思い立って頂ければ、これほどうれしいことはありません。

　全ての読者のみなさまのビジネスが、より良く発展し、社会に貢献できることを切に願います。

2021年11月

小川　康二

伊藤　洋一

■ 索引

著者プロフィール

小川 康二 (おがわ こうじ)

株式会社データ総研　常務取締役

コンサルティンググループ　グループ統括マネージャ

エグゼクティブシニア・コンサルタント

新卒で入社した大手メーカーの非効率な情報システムに課題を感じ、利用者に本当に喜ばれる情報システムを創りたいと、1998年にデータ総研に入社。入社後、情報システムの真の価値は「データ」にあると刮目し、以来、「データ」をエンタープライズにおける重要な資産として認識し、その価値向上をどう実現するか? を問い続けている。

実務では、データを中心に据えた情報システム開発の企画・要件定義や、データの資産価値向上を目指したデータガバナンス・マネジメントフレームワークの導入・実践の支援を行う。その活動を通じ、エンタープライズのデータに関するあらゆる課題の相談と解決策の立案を行っている。

これまでに、製造業(素材/加工組立/生活関連)、卸売/小売業、電気/ガス、情報通信業、建設業、不動産業、金融業(損保/政府系銀行)、サービス業(人材派遣)、官公庁など50以上のプロジェクトを支援してきた。教育コース講師、セミナー講師など多数。

現在は、コンサルティンググループの統括役員として、新規ソリューションの開発、マーケティング支援も行う。

早稲田大学卒、グロービス経営大学院卒(経営学修士)

伊藤 洋一 (いとう よういち)

株式会社データ総研　シニアコンサルタントマネージャ

IPA 独立行政法人 情報処理推進機構 情報処理技術者試験委員

2002年にIT業界に入り、情報システムの企画・開発・保守・運用を一通り経験。

20年近くIT業界を見てわかったことは、すべての業種がデータ管理に問題を抱えており、それが社会問題にまで発展していることであった。

そこで、企業内にデータ管理できる人材を育てる必要があると考え、2018年にデータマネジメントスクールを本格稼働させた。

前進のデータモデリング教育まで含めると15,000人以上の人材を輩出。

これまでに、小売、金融(銀行/保険)、サービス(インターネット/人材派遣/広告/不動産)、メーカー、製造、医薬、電気、建設、官公庁、教育、情報通信など30以上のプロジェクトを支援してきた。

現在は、人材開発の経験を活かし、データガバナンス組織づくりに従事している。

熊本大学大学院 教授システム学専攻(教授システム学修士)

装丁デザイン	坂井デザイン事務所
装丁イラスト	iStock.com / NK08gerd
本文デザイン・DTP	ケイズプロダクション

ディーエックス
DXを成功に導くデータマネジメント
データ資産価値向上と問題解決のための実務プロセス75

2021年12月20日　初　版　第1刷発行
2023年 2 月 5 日　初　版　第3刷発行

著　　　者	株式会社データ総研（かぶしきがいしゃでーたそうけん）・
	小川 康二（おがわ こうじ）・伊藤 洋一（いとう よういち）
発　行　人	佐々木 幹夫
発　行　所	株式会社翔泳社（https://www.shoeisha.co.jp）
印刷・製本	株式会社 ワコープラネット